LA PENSÉE CHRÉTIENNE
Textes et Études

Maine de Biran

PAR

G. MICHELET
PROFESSEUR A L'INSTITUT CATHOLIQUE DE TOULOUSE

PARIS
LIBRAIRIE BLOUD ET Cie
4, RUE MADAME ET RUE DE RENNES, 59

1906
Tous droits réservés.

MAINE DE BIRAN

LA PENSÉE CHRÉTIENNE
Textes et Études

Maine de Biran

PAR

G. MICHELET
PROFESSEUR A L'INSTITUT CATHOLIQUE DE TOULOUSE

PARIS
LIBRAIRIE BLOUD ET Cie
4, RUE MADAME ET RUE DE RENNES, 59

1906
Tous droits réservés.

INTRODUCTION

Il n'y aurait pas lieu d'être trop surpris, si plus d'un lecteur s'étonnait d'abord que, dans une collection destinée à étudier les grandes manifestations de la Pensée chrétienne, on eût réservé un volume à l'exposé de la philosophie religieuse de Maine de Biran. Durant plusieurs années, celui-ci n'a-t-il pas, dans des *Mémoires* couronnés par l'Institut, fait profession ouverte de sensualisme, à la suite de Cabanis, de Destutt de Tracy, ses maîtres et ses amis ? Et si, plus tard, il en est venu à revendiquer, à l'encontre de cette doctrine, les droits de l'activité qu'elle méconnaissait entièrement, quelle influence peut avoir exercé sur sa génération et sur le mouvement des idées au xix⁰ siècle, ce psychologue obstiné qui passe sa vie penché sur lui-même, à se « regarder passer », ce solitaire qui se réfugie le plus souvent et le plus longtemps qu'il le peut, dans son paisible domaine de Grateloup, en Périgord ? Et surtout, quelle peut être la valeur de la philosophie religieuse d'un homme qui, s'il est longtemps à la recherche de la vérité, ne l'atteint que tout à fait au soir de sa vie et presque sur son lit de mort?

Assurément — et il faut s'empresser de le reconnaître — il ne saurait être question de mettre Maine de Biran, pour l'influence exercée sur le développement chrétien, sur le même plan qu'un saint Augustin, qu'un Pascal, qu'un Newman. Ceux-ci ont agi puissamment et sur la masse des esprits ; ils ont ouvert une voie où bien d'autres se sont engagés à leur suite ; d'un mot, ils ont suscité un mouvement ; celui-là n'a exercé son action que sur un groupe restreint, et son activité philosophique a été longtemps ignorée du grand public. Mais il ne faut pas oublier non plus que Victor Cousin a dit, à plusieurs reprises, de Biran, qu'il était le plus grand métaphysicien français depuis Malebranche ; que Royer-Collard a déclaré, parlant au nom de l'école spiritualiste renaissante : « Il est notre maître à tous » ; que Taine, le lointain successeur de Condillac et de l'idéologie sensualiste, s'est acharné spécialement sur Maine de Biran en qui il voit, et non à tort, l'initiateur responsable de la restauration spiritualiste au xixe siècle ; que Jouffroy, Ravaisson, Janet, Caro, le P. Gratry, et bien d'autres, ont subi son influence ; et qu'enfin sa philosophie paraît être, à l'aurore du xxe siècle, l'une des inspiratrices de l'école qui semble appelée à exercer le plus d'action sur la pensée contemporaine.

Quant à sa philosophie religieuse, dont on a le dessein de s'occuper surtout ici, elle présente un intérêt très spécial, mais bien vif. Les confidences d'un *Journal* intime où Biran note ses impressions contiennent en effet bien plus que les éléments précieux d'une monographie ; elles dépassent et de beaucoup les limites de sa personnalité. Ce qui s'y trouve décrit avec une rare puissance d'analyse et une très grande loyauté, c'est l'histoire de l'âme humaine, qui, tourmentée par le besoin de croire et par le désir de s'appuyer sur ce qui ne passe pas, s'en va lentement, avec des élans spontanés, des retours en arrière, des alternatives de découragement et de joyeuses espérances vers Dieu et vers le christianisme. Ces pages apparaissent ainsi comme une démonstration concrète de ce témoignage de l'âme *naturaliter christiana*, qu'invoque si magnifiquement Tertullien ; moins larges d'aperçus que les *Pensées* de Pascal auxquelles on ne peut s'empêcher de les comparer, elles ont sur celles-ci l'avantage de décrire dans leur continuité les étapes d'une évolution religieuse ; elles donnent par là un exemple pris sur le vif de cet *Itinerarium mentis* dont saint Bonaventure, et plus tard Newman, ont tenté de présenter la formule. Maine de Biran apparaît donc bien comme l'un des précurseurs de l'apologétique contemporaine qui s'efforce de ramener à Jésus-Christ par l'analyse des aspirations de la vie intérieure. La psychologie mène à la religion, a dit Biran ; et c'est un premier résultat de cette étude qu'indiquer les ressources que la psychologie peut fournir à l'apologétique.

Il en est un second, non moins instructif, surtout à l'heure actuelle, et celui-là consiste à montrer l'insuffisance de la psychologie toute seule pour conduire à la foi, et, par suite, l'insuffisance d'une méthode apologétique qui négligerait systématiquement l'étude des faits historiques, pour s'attacher d'une façon exclusive à l'analyse de l'âme humaine. Pour avoir laissé dans l'ombre la considération de ces faits et s'être attardé à des observations psychologiques, Biran a été toute sa vie en marche vers le christianisme, pour ne l'atteindre qu'aux dernières heures de son existence. Il y a là un enseignement utile à méditer pour toute méthode apologétique qui serait tentée de s'attacher, elle aussi, trop exclusivement ou trop longuement, quelque intéressante que soit cette étude, à noter ces désirs secrets, ces élans confus, ces impulsions venus du fond de l'être, qui le poussent vers Dieu, raison de son existence et vrai objet de son bonheur.

Résumons rapidement la vie de Maine de Biran et sa doctrine philosophique avant d'en venir à l'influence exercée et aux enseignements fournis par sa philosophie religieuse.

I

Maine de Biran. — Sa vie et son caractère

« La distinction de l'homme intérieur et de l'homme extérieur est capitale, écrit Biran dans son *Journal*, ce sera le fondement de mes recherches ultérieures. » Or, ici comme toujours, la théorie qu'il édifiera sur cette observation, la théorie dite des deux vies, ne sera que la généralisation de ce qu'il aura surpris en lui-même. En lui, en effet, vie intérieure et vie extérieure se succèdent, se côtoient, bien plus qu'elles ne se compénètrent ; il mène une existence, si l'on peut ainsi parler, en partie double. Il y a l'homme politique qui s'occupe de travaux administratifs, dirige sa sous-préfecture, assiste, en s'y ennuyant très fort, aux séances de la Chambre, va dans le monde où il paraît prévenant, enjoué, presque frivole ; et il y a, dans l'intervalle des sessions, ou le soir, après les longues et parfois orageuses séances de la Chambre, le philosophe qui s'étudie patiennent, soulève les questions les plus graves, entremêle d'aperçus profonds sur des problèmes métaphysiques les confidences qu'il nous fait sur ses intimes tristesses. « Ce contraste singulier qui est en moi de tous les moments, dira-t-il encore, prouve que les habitudes de ma vie ont entièrement séparé l'homme spéculatif de l'homme actif. » Aussi peut-on exposer successivement, sans trop altérer leur physionomie propre, la vie de l'homme politique et l'histoire des travaux du philosophe.

François-Pierre-Gonthier Maine de Biran naquit à Bergerac le 29 Novembre 1766. Son père était médecin, et de la vie familiale, ce fut la profession de son père qui exerça sur lui le plus d'influence; toute sa vie, nous le verrons lié d'amitié avec des médecins, et préoccupé d'étudier les rapports du physique et du moral. Pour ses études, il fut envoyé à Périgueux, dans un collège dirigé par les Pères Doctrinaires. De son séjour parmi eux, il devait emporter, avec des principes religieux rapidement disparus, le goût très vif des méditations philosophiques et l'amour de la vérité. Sur son âme profondément impressionnable, l'enseignement religieux qu'il avait reçu et l'atmosphère d'élévation morale qu'il avait respiré durent exercer une action très réelle ; on le devine à une confidence discrète : « Dans ma jeunesse, j'ai goûté des états de béatitude intérieure, d'élévation d'âme tels que, s'ils eussent duré, je ne crois pas qu'il y eût un être plus complètement heureux, meilleur et plus en harmonie avec une nature céleste (1). »

Ses études terminées, il entra en 1785 dans les gardes du corps ; et au milieu de cette jeunesse tumultueuse et de cette vie toute mondaine, ses croyances religieuses disparurent bien vite ; il en fait l'aveu implicite quand il dira plus tard combien il est difficile de retrouver Dieu et les lois de l'ordre moral après les avoir perdus. Cependant, il semble bien qu'il ne faille pas prendre à la lettre ce qu'il écrit de la « dissipation » de sa jeunesse ; le reproche qu'il s'adresse ainsi est surtout celui d'avoir vécu loin de lui-même, et en dehors de la vie intérieure. Son biographe le plus autorisé, parlant de cette époque, dit qu'en l'absence de toute conviction arrêtée, il eut pour préservatif contre les écarts des passions un goût naturel pour les convenances et un sentiment très vif d'honnêteté (2).

Les tristes événements de 1789 exercèrent sur

---

(1) *Nouveaux Essais d'anthropologie*, édit. Naville, t. III, p. 538.
(2) E. NAVILLE, *Maine de Biran, sa vie et ses pensées*, Introd. p. 10.

la direction de sa vie une influence décisive. Les premières manifestations de l'insurrection révolutionnaire ayant amené le licenciement des gardes du corps lui fermèrent du même coup la carrière des armes dans laquelle il était à peine engagé, sans que rien, d'ailleurs, dans son caractère, l'y prédisposât : les loisirs qui lui furent ainsi donnés, en lui permettant de retourner dans son paisible domaine du Périgord, allaient favoriser l'éclosion de la vocation du philosophe. Déjà il pouvait dire ce qu'il écrira plus tard, en 1812, dans une autre période de repos forcé : « J'étais maître de mon temps, et je pouvais dire comme le berger de Virgile avec toute l'expression d'un cœur reconnaissant : *Deus nobis hæc otia fecit* (1). Le spectacle des jours sinistres de la Révolution éveilla brusquement Biran de son rêve de jeunesse, en mûrissant rapidement son âme. C'est alors qu'éloigné du bruit des choses extérieures et en tête à tête avec lui-même il se tourna vers les études philosophiques, pour y trouver tout à la fois l'oubli pour ses chagrins et la réponse aux douloureuses questions que l'expérience de la vie venait de soulever.

En mai 1795, Maine de Biran est rappelé à la

(1) *Essais sur les fondements de la psychologie*, édit. Naville, t. I, p. 34,

vie politique, et il devient administrateur du département de la Dordogne, puis, par la désignation des électeurs, membre du Conseil des Cinq-Cents ; mais le coup d'Etat de Fructidor le renvoie à ses chères études philosophiques. De 1798 à 1805, c'est la période où il publie ses premiers travaux, recueille ses premiers succès et s'impose à l'attention et à l'estime des amis de la philosophie. Mais, en 1805, la carrière de l'homme politique recommence, et tour à tour, il exerce les fonctions de conseiller de préfecture de la Dordogne et de sous-préfet de Bergerac ; les élections de 1809 font de lui le représentant du département de la Dordogne, dans le Corps législatif, et il s'y distingue, en 1813, par une démarche courageuse encore peut-être qu'inopportune, puisque la France est à cette heure envahie par l'étranger : il est de la Commission des Cinq, déléguée auprès de l'Empereur pour lui porter les doléances du Corps législatif et aussi de la nation, lasse de ce perpétuel état de guerre ; et cette désignation pour une démarche si délicate prouve bien que dans cette assemblée illustre il avait su acquérir l'estime de ses collègues, par son talent alors reconnu de tous, sa grande droiture d'âme, son aménité de caractère et la modération de ses sentiments qui l'éloignèrent toujours de tout excès. Les mesures violentes qui furent la réponse de l'Empereur à cette protestation avivèrent en Biran les convictions royalistes. Mais le courage qu'il avait montré en cette circonstance lui valut la reconnaissance des Bourbons et, en 1814, la place de questeur à la Chambre des Députés. Un moment, pendant les Cent-Jours, il est obligé d'abandonner précipitamment ses fonctions pour se réfugier en Périgord ; c'est son quatrième exil ; celui-ci fut d'ailleurs très court ; et il reprend bientôt sa place de questeur, pour l'occuper jusqu'à sa mort, survenue le 20 juillet 1824, à l'âge de cinquante-huit ans. Toute sa vie, il avait eu une constitution débile, une « frêle machine », comme il l'écrira bien souvent ; mais les dernières années sont marquées par des souffrances presque continuelles, et sans cesse croissantes, à mesure que la maladie de poitrine qui devait l'emporter fait des progrès.

Mais ce n'est là que la physionomie extérieure de Biran et sa vie, vue du dehors, suivant une expression qui lui est chère. Pour entrer en connaissance plus intime avec l'homme, il suffit d'ouvrir le *Journal intime*. Fidèle au précepte « *Nosce teipsum* » de celui qu'il regarde comme son premier maître et le vrai fondateur de la psychologie, quand il se *retrouve*, le soir venu, ou dans la tranquillité de son habitation de Grateloup, Biran fait par écrit son examen de conscience. Ce qu'il note ainsi, ce sont moins les événements de sa vie d'homme politique que les découvertes qu'il a pu faire sur lui-même ; ce qu'il raconte, ce sont moins des faits que des impressions ; il écrit moins l'histoire de son époque que l'histoire de son âme. Et par toutes ces confidences, par cette application à se révéler tout entier, peu à peu, à chaque jour, son caractère se manifeste plus clairement ; et bientôt le lecteur devient son ami, conquis qu'il est par cette admirable sincérité et cette élévation morale qui se trahit à tout instant.

Tout d'abord, une chose frappe bien vivement, en parcourant ce *Journal* : l'état maladif de Biran et sa sensibilité suraiguë. De 1794 où il le commence, à 1824, où il le termine, peu de temps avant sa mort, il est comme traversé par un cri de souffrance.

Impressionnable à l'excès, Biran ressent dans ses dispositions morales et son état physique le contre-coup des plus légères variations de température ; il est pour ainsi dire en vibration continuelle. « J'avoue ici que je ne me suis jamais trouvé deux jours de suite dans la même position, jamais le même le matin que le soir (1) » ; jamais le même, dira-t-il une autre fois, pendant deux heures de suite. Le vent qui souffle l'abat ; un rayon de soleil le fait épanouir ; et à mesure qu'il avance en âge, ces souffrances organiques deviennent plus vives et mettent dans sa vie une note de tristesse presque continue.

Ce tempérament de l'homme explique en partie la vocation et aussi l'œuvre du philosophe. Le malade éveilla en lui le psychologue. « Avec une machine frêle, presque toujours malade, je ne pouvais guère me répandre au dehors, j'existais donc en moi, je suivais toutes les vicissitudes qui s'opéraient dans ma manière d'être ». « Nul homme, dira-t-il encore, n'a été organisé comme moi pour reconnaître la subordination de l'état moral à un état physique donné (2). » Aussi fut-il porté à se détourner le plus possible de ce monde qui le meurtrissait par son contact, tant sa sensibilité était vive, et par là même se trouvait-il ramené vers lui naturellement et « comme par instinct », comme il l'écrira au soir de sa vie. « Il y a bien longtemps que je m'occupe d'études sur l'homme ou plutôt de ma propre étude ; et à la fin d'une vie déjà avancée, je puis dire avec

(1) *Journal*, 25 décembre 1794.
(2) *Ibid.*, février 1818.

vérité qu'aucun autre homme ne s'est vu ou ne s'est *regardé passer* comme moi. Dès l'enfance, je me souviens que je m'étonnais de me sentir exister, j'étais déjà porté, comme par instinct, à me regarder en dedans pour savoir comment je pouvais vivre et être moi (1) ». A cette étude il demande tout à la fois l'oubli des banalités du dehors et aussi un refuge contre la brutalité de l'existence. « Cet écrit ne s'adresse, dira-t-il dans la Préface à l'*Examen des Leçons de Laromiguière*, qu'à ceux qui aiment à se réfugier du dehors au dedans, qui cherchent dans la vie intérieure des consolations, des moyens de force, des motifs d'espérer, des raisons de croire et la clef de bien des énigmes. » Le goût des recherches psychologiques lui était ainsi une sorte de nécessité d'organisation.

A leur tour le malade et le psychologue expliquent pour une large part le caractère de l'homme politique. Ceux-là manquent d'ordinaire d'aisance devant les autres qui ont le vif sentiment de leur faiblesse ; et ceux-là aussi s'effarouchent devant les hommes qui ont la longue habitude de vivre enfermés avec eux-mêmes. C'est en ce sens, comme on l'a écrit, que la philosophie peut nuire à la

(1) *Nouv. Essais d'Anthrop.*, OEuv. inéd. t. III, p. 335.

spontanéité du caractère, et que la psychologie peut devenir une disposition immorale, comme le dit Biran, ou, plus justement peut-être, une disposition antisociale. Dans les cas extrêmes, le méditatif fait tort à l'homme d'action ; qui est porté à se « regarder passer », est enclin du même coup à agir le moins possible. Aussi s'explique-t-on que Maine de Biran psychologue ait été aussi un timide. « Faut-il parler en public (à la Chambre) je me préoccupe et m'inquiète d'avance de mon défaut de mémoire, ou de la faiblesse de mon organe, des regards qui se tourneront vers moi, et mes moyens sont paralysés dans l'instant où il faudrait les employer (1). » D'autres fois il se plaint que les paroles s'étouffent dans sa gorge. Aussi prend-il rarement la parole, et quand on le lui reproche, il répond par un accès de mauvaise humeur qui témoigne d'un secret mécontentement de lui-même. « Pourquoi ne parlez-vous jamais dans votre assemblée ? Tout le monde m'adresse cette question. Je réponds que je ne parle pas pour ne pas dire de sottises, tant d'autres s'en chargent pour moi (2). »

Aussi, conscient de sa faiblesse et de sa timidité, Biran déploie-t-il toute son ingéniosité pour

(1) *Journal*, 7 août 1816.
(2) *Ibid.*, 1ᵉʳ décembre 1814.

paraître aimable. « Je ne puis être en rapport avec mes semblables que par des sentiments de bienveillance (1) » ; il a besoin de se sentir estimé et il ne craint rien tant que de ne pas y parvenir. Dans ce but il multiplie les témoignages d'affection, se montre empressé auprès de tous : « ce qui me met, dit-il, dans la nécessité de faire beaucoup de frais pour être agréable, pour ne choquer personne, pour attirer à moi par un extérieur agréable, des manières prévenantes, des soins assidus. Quand je suis dans le doute du succès, la crainte me tourmente ; si je crois remarquer de l'indifférence ou du dédain, je suis au supplice ; voilà un esclavage complet. » Et voilà aussi qui jettera quelque lumière sur certaine doctrine morale de Biran et sur son évolution religieuse.

Mais il y a en lui trop d'élévation de caractère pour que ces prévenances à l'égard des autres soient le résultat d'un calcul d'homme politique. Cette considération publique, il veut l'obtenir, non point par certaines complaisances faciles à qui occupe une haute situation, mais par le réel intérêt qu'il porte à tous ; c'est qu'il recherche l'estime, non la popularité. Quelle fière idée elle donne du caractère de celui qui l'a écrite cette

---

(1) *Ibid.*, 15 décembre 1814.

petite note, consignée dans le *Journal*, à la date du 14 juin 1815, peut-être au soir d'un jour où l'on avait essayé de gagner Biran à la cause de Napoléon, de retour de l'île d'Elbe. « Il faut se tenir éloigné des affaires publiques quand elles peuvent compromettre la conscience, quand on ne peut s'en mêler sans trahir le devoir et l'honneur »; et tandis qu'il est dans l'exercice de ses fonctions, une sorte d'inquiétude le prend que ses travaux philosophiques ne viennent nuire à ses autres devoirs. « Je me livre maintenant avec une sorte de scrupule aux méditations purement abstraites qui m'éloignent trop du monde réel (1). »

Dans cette physionomie morale de Maine de Biran il y a un autre trait qui le rend éminemment sympathique : l'admirable sincérité qu'il apporte dans l'étude de lui-même. En lui, le psychologue, soucieux de l'observation scientifique, et le gentilhomme, épris de droiture, s'accordent pour l'analyse franche, complète, impitoyable, de ses tendances et de ses faiblesses. Cette loyauté, Biran la porte dans toute sa conduite, et même dans ses erreurs de jeunesse. « Dans ma jeunesse, dit-il, j'étais léger plutôt que de mauvaise foi. Depuis je n'ai eu aucune prévention pour quelque

---

(1) *Journal*, 8 mars 1815.

conséquence arrêtée à laquelle je voulusse arriver. » : témoignage qui rappelle celui qu'un autre grand esprit, Newman, se rendra plus tard à lui-même : « Je n'ai jamais manqué à la lumière. »

De cette âme, que l'on voudrait donner le désir de mieux connaître, on peut dire en toute vérité qu'elle était naturellement chrétienne ; car ses vertus naturelles la prédisposaient à recevoir les illuminations de la foi. Mais avant d'indiquer par quelle route, et à travers quelles épreuves Biran parvint au christianisme, il est nécessaire d'esquisser les grands traits de sa philosophie, préambule indispensable à l'étude de sa philosophie religieuse.

II

LA PHILOSOPHIE BIRANIENNE ET SON UTILISATION

Tandis que Biran se tournait, en Périgord, vers les études métaphysiques, la philosophie française en cette fin du xviii° siècle était presque entièrement entre les mains d'un groupe, d'une école, l'école idéologique. Parmi ses principaux représentants, celle-ci comptait Cabanis, Garat, Volney, Destutt de Tracy, etc.; la plupart avaient siégé à la Convention, ce qui a fait dire de l'idéologie qu'elle était l'alliée de la Révolution française; presque tous comptaient parmi les membres de l'Institut (1); et leur influence était telle que l'on peut dire qu'ils étaient alors *la* philosophie française.

Une même idée maîtresse les inspirait et les réunissait périodiquement dans les salons de Mme Helvétius, à Auteuil: le dessein de continuer à appliquer à l'étude de l'homme la méthode

(1) *Cf.* PICAVET, *Les idéologues*, Paris, 1901, p. 31.

d'analyse inaugurée par Condillac ; non pas qu'ils fussent de « purs condillaciens » ; ils complétaient et rectifiaient sa doctrine, en y ajoutant, comme Cabanis, l'étude des sensations internes, comme de Tracy le sens de la motilité. Mais tous du moins « faisaient grand cas », comme s'exprime ce dernier, de la méthode de Condillac, et par là se rattachaient vraiment à lui comme à leur maître.

Ce que Bacon avait fait pour l'étude de la nature, Condillac l'avait essayé pour la science de l'homme. Il s'était placé en face des phénomènes psychologiques qu'il considérait du dehors, comme Bacon examinait les faits externes. A son imitation encore, il essayait de saisir par l'analyse les éléments premiers, les plus simples, pour arriver jusqu'aux plus complexes, par des complications croissantes. Or cette assimilation de la méthode de la psychologie à celle des sciences physiques avait conduit le sensualisme à un double résultat : le premier qui était de ne voir dans les faits les plus élevés de la pensée ou de la volonté que des synthèses ou des transformations de sensation ; le second, et singulièrement plus radical, qui ne tendait à rien moins qu'à faire s'évanouir le sujet pensant derrière la série des phénomènes que l'on s'occupait exclusivement à analyser. Ainsi le sensualisme avait pour aboutissant logique ou le phénoménisme, qui supprimait le sujet, devenu inutile, ou le matérialisme, « qui cherchait un soutien pour les phénomènes de l'esprit dans les phénomènes du corps et absorbait ainsi le moral dans le physique » (1).

En acceptant la méthode de Condillac, les idéologues en avaient dégagé des conclusions assez rapprochées de la doctrine du maître, pour qu'on puisse les regarder légitimement, quoi qu'on en ait dit, comme des sensualistes. C'était d'abord le même dédain pour la métaphysique, dont ils rejetaient même le nom pour le remplacer par celui d'idéologie, qui indiquait mieux la limitation de leurs recherches à la psychologie empirique et à la science des idées ; c'était l'assimilation de l'idée du moi à une synthèse de faits psychologiques, rappelant la définition de Condillac qui considérait le moi comme une collection de sensations ; et D. de Tracy écrira que l'idée du moi est composée de parties réunies pour sentir, comme l'idée de bal de personnes réunies pour danser ; c'était enfin, avec Cabanis et surtout Broussais, la tendance très marquée, à force de noter les influences du physique sur le moral, à ne voir

---

(1) J. Gérard, *La philosophie de Maine de Biran*, Paris, 1876.

dans le moral qu'une face du physique. L'idéologie aboutissait bien, suivant le pronostic, au phénoménisme ou au matérialisme.

Tout au début de ses travaux, Maine de Biran subit l'influence de cette philosophie régnante. Les premiers écrits que l'on ait de lui, en 1794, le montrent recherchant si les dispositions morales ne se ramènent pas entièrement aux états organiques.

En 1802, il présente à un concours de l'Institut, un *Mémoire sur l'Habitude*, qui est couronné (an X). « Prévenu en faveur des doctrines qui mettent l'entendement en images, dira plus tard Biran, jugeant cette première œuvre, je croyais pouvoir étudier la pensée dans les mouvements du cerveau et marcher sur les traces de Bonnet, d'Hartley, et d'autres physiologistes physiciens. » L'auteur de ce travail proscrivait en outre la recherche des causes pour s'arrêter à l'analyse des effets. Il faisait donc nettement profession d'idéologie ; aussi devint-il, dès lors, le correspondant et l'ami des principaux représentants de l'Ecole, en particulier de Cabanis.

Mais sa carrière d'idéologue ne fut pas de longue durée. En 1805, il obtenait à nouveau un prix à l'Institut pour un mémoire sur la *Décomposition de la pensée*, dans lequel il attaquait cette psychologie physiologique, et prenait pour guide « non plus l'expérience extérieure ou physique, mais l'expérience intérieure ou la réflexion ». En changeant de méthode, il était arrivé à des conclusions très différentes. Désormais le voilà en possession des idées maîtresses de sa philosophie ; et il la développera longuement, fréquemment, avec une insistance voulue, dans une étude soumise, en 1807, à l'Académie de Berlin, où il obtint une mention très spéciale, puis dans un nouveau travail pour l'Académie de Copenhague, et pour lequel on lui décerna le prix. Ces trois mémoires furent refondus par lui dans une troisième composition plus régulière, plus soignée, plus compréhensive, à laquelle il donna le titre d'*Essais sur les fondements de la psychologie, et sur ses rapports avec l'étude de la nature*. On mentionnera plus tard un certain nombre de petits travaux de moindre importance.

Essayons d'indiquer les grandes lignes de cette philosophie, en marquant la position originale adoptée par Maine de Biran.

Les sensualistes ont raison, à l'encontre de Descartes, lorsqu'ils essaient de remonter par l'analyse jusqu'aux éléments premiers de la pensée. L'innéisme est en effet la mort de la philosophie et le coup de désespoir du philosophe, et Descartes, voulant donner les règles et l'exemple de la méthode, n'a pas échappé à ce danger. Saisissant en lui la pensée, et tout aussitôt, la substance qui pense, il ne s'est pas demandé à quelle condition cette première pensée, ou cette manifestation du moi, était possible ; il l'a regardée comme une donnée, comme un fait, et ainsi, faute d'avoir placé assez loin son point de départ, il n'a pas découvert la vérité première, le fait primitif : le premier anneau de la chaîne lui a échappé. D'ailleurs, à peine a-t-il entrevu la vraie méthode psychologique, qu'il abandonne le terrain solide de l'expérience interne pour entrer en pleine métaphysique. C'est un déductif, non un observateur ; c'est un géomètre, plus qu'un psychologue. Aussi peut-on ranger sa philosophie parmi les philosophies *a priori*. Influencé par cet exemple, Leibniz a placé tout à la base de son système l'idée de substance ; il a « désubjectivé » la force. Métaphysicien lui aussi, il construit sa doctrine au lieu de l'extraire du fond de la conscience. Enfin Kant montre clairement le danger de l'innéisme. Chez lui, cette théorie sur laquelle s'appuyait en dernière analyse le dogmatisme cartésien ou leibnizien « devient ainsi par un changement d'interprétation le fondement du scepticisme critique » (1). Or, le vrai mérite du sensualisme, est d'avoir refusé d'entrer dans cette voie, qui menait à transformer la psychologie en logique. Il a développé dans les esprits le gout très vif de l'observation, de l'analyse, en même temps que le besoin de se tenir au contact des faits, pour subir leur contrôle et s'appuyer sur leur réalité.

Mais si le principe de cette réaction était juste, l'application a été beaucoup moins heureuse. Tout en recourant à l'expérience, Condillac et son école n'a pas compris la différence essentielle qui existe entre l'expérience par laquelle on étudie un objet, et celle en vertu de laquelle le sujet s'observe lui-même. Par la première, on constate des phénomènes et on note leur succession, mais rien ne permet de saisir directement une réalité substantielle qui soutienne les phénomènes. On est donc amené peu à peu à l'oublier, à se passer d'elle dans les explications que l'on donne de ces faits, et, par un dernier pas bientôt franchi, à la nier résolument puisque l'on ne voit plus son utilité. Ainsi a fait Hume. Si le moi n'est qu'une synthèse de sensations, pourquoi parler désormais d'un sujet supra-phénoménal ?

(1) GÉRARD, *op. cit.* p. 47.

Quelle nécessité d'admettre encore un support inerte, non seulement distinct des faits qu'il soutient, mais encore entièrement étranger, puisqu'il n'est pour rien dans leur production. Le phénoménisme de Hume est sorti logiquement de cette erreur de Condillac de s'être attaché exclusivement à l'expérience externe.

Celle-ci, en effet, outre qu'elle laisse en dehors du champ de sa vision le sujet substantiel, a de plus le très grand désavantage d'arriver à méconnaître toute activité. Vus de l'extérieur, les faits se suivent, se juxtaposent, sans que l'observateur puisse rien saisir du lien qui les unit ; aussi en vient-il à le nier. La causalité lui échappe, parce qu'il se trouve en face d'une apparence de mécanisme. La statue célèbre de Condillac n'est-elle pas étrangère aux transformations qui s'effectuent en elle ? Et si l'on peut ainsi parler, tout comme elle se *laisse* ouvrir successivement chaque sens, fermé auparavant au monde extérieur, elle *subit* ces étranges métamorphoses de la sensation en idée, désir et volition. Si Maine de Biran l'eût connu, il aurait pu, sans trahir en rien sa pensée, comparer l'expérience externe au cinématographe qui projette sur la toile des ombres sans consistance, et les fait mouvoir comme des jouets mécaniques. Le vrai tort de la philosophie sensualiste a été de vouloir appliquer la méthode de Bacon, celle dont il prescrit l'usage pour les sciences de la nature, à l'étude de la science de l'homme.

Or, il existe une autre expérience, irréductible à la première, l'expérience par laquelle le sujet se saisit lui-même : sujet et objet se confondent ainsi dans une même aperception. L'homme ne peut s'étudier que du dedans, la nature que du dehors. Mais en se penchant sur lui pour se regarder, l'homme ne peut pas ne pas saisir deux faits d'une importance capitale : son activité et la réalité de son moi. Il distingue très nettement les sensations qu'il subit, et les phénomènes dont il est l'auteur: autres lui paraissent les phénomènes qui entrent en lui, pour ainsi parler, et ceux qui sortent du fond de son être ; sa causalité se révèle, immédiate, indéniable, dans un certain nombre de faits ; elle constitue une donnée première et essentielle de la psychologie, un fait primitif. Et Biran se trouve ainsi amené à mettre en lumière, à l'encontre du sensualisme, l'activité du sujet.

Par là-même est affirmée sa réalité, et cette réalité devient l'objet d'une expérience immédiate. Hume a déclaré que lorsqu'il rentre en lui, par l'observation interne, il saisit toujours des phénomènes et il ne saisit jamais que des phénomènes ; or, le résultat de cette observation, Biran le conteste. Dans l'instant que certains faits sortent de moi, je les reconnais, je les affirme comme miens ; et je ne puis me les attribuer, que parce que j'aperçois immédiatement le rapport qui les unit au sujet. Bien mieux, il y a des cas privilégiés qui répondent à toutes les exigences de la méthode empirique, et aux objections de Hume : et alors, le sujet n'est plus seulement l'objet d'une aperception immédiate, mais encore *séparée*, comme l'écrit Biran. Le moi se manifeste sans phénomène ; le sujet apparaît dans un lumineux isolement. Comment dès lors douter plus longtemps de sa réalité.

Cet acte privilégié qui nous révèle ainsi à nous-mêmes, sans contestation possible, ce fait primitif qu'il faut placer tout au début de la science de l'homme, c'est le sentiment de l'effort volontaire. Biran y revient dans ses travaux, avec une sorte d'obstination, sans parvenir entièrement à se faire comprendre ou à convaincre (1). L'effort est le déploiement de l'activité du sujet, qui essaie de vaincre une résistance ; il apparaît comme un

---

(1) *Journal*, 22 septembre 1814. « Cette discussion, écrit-il, (avec Thurot de Gérando, Cuvier frères, Royer-Collard, Ampère, Guizot) m'a fait voir combien j'étais encore loin de bien faire entendre mon point de vue. »

phénomène à double face, puisqu'il n'y aurait pas d'effort, s'il n'y avait pas de résistance, c'est-à-dire d'organisme. Du même coup, je *me* saisis et je saisis aussi ce qui s'oppose à mon activité : les deux termes sont irréductiblement liés l'un à l'autre. L'effort est donc révélateur d'une dualité. Mais qui ne verrait en lui qu'un phénomène n'aurait pas suffisamment compris sa nature, ni sa valeur. Par lui, le fond même de l'être vient au jour de la conscience ; le sensible et le supraphénoménal coïncident. « Dans ce fait unique et privilégié, la psychologie et la métaphysique doivent nécessairement se confondre. »

Après cette rapide esquisse, que l'on essaiera de compléter ou de préciser, par quelques mots d'explication placés en tête des passages justificatifs, tâchons d'indiquer de quelle utilité peut être, à notre avis, la philosophie de Biran, pour le spiritualisme contemporain.

Le premier service est d'apporter une protestation énergique contre la psychologie expérimentale, telle qu'elle est entendue par une école aujourd'hui fort en vogue. Sous le prétexte d'accomplir une œuvre vraiment scientifique, les positivistes français ont recours avant tout aux procédés de l'expérience externe, et de préférence encore, aux observations que manifeste l'étude des cas anormaux. Quant au témoignage de la conscience, il n'est accepté qu'en seconde ligne, et dans la mesure où il paraît s'accorder avec les données de la méthode objective. Une sorte de défaveur croissante s'attache ainsi à la méthode d'introspection, dont on dénonce le caractère illusoire et peu scientifique, puisque, dit-on, les résultats obtenus ne sont pas susceptibles de contrôle, et que cela seul est rigoureusement acceptable qui peut être contrôlé ou expérimenté. Par là on voit que si le positivisme a disparu comme doctrine, ou comme système formant une explication totale et définitive, il s'impose de plus en plus comme méthode. Or, le plus clair résultat de ce procédé est la subordination de la psychologie à la physiologie, l'élimination graduelle de l'une au profit de l'autre. Comment connaître l'âme, comment connaître l'homme, si l'on s'attache surtout aux manifestations extérieures ou anormales de sa vie ? On n'étudie l'homme que par le dehors ou on ne l'étudie plus qu'en dehors de sa vie ordinaire. N'est-ce pas singulier quand on y songe que le fait de nier la valeur du sentiment de l'effort volontaire, parce que le processus nerveux qui se manifeste, à cette occasion, est centripète, et non pas centrifuge, ou encore qu'arriver par l'examen de quelques abouliques à cette affirmation : « la volonté n'est qu'un accident heureux » (1).

A l'encontre de théories aussi exclusives et aussi dangereuses, Maine de Biran nous aidera grandement à revendiquer les droits de l'expérience intérieure. Nul ne les a mieux mis en lumière, et n'a parlé avec plus de conviction de ce « flambeau qui illumine la vie intérieure ». « Qui sait, écrit-il, tout ce que peut la réflexion concentrée et s'il n'y a pas un nouveau monde intérieur qui pourra être découvert par quelque Colomb métaphysicien (2). »

Il n'a cessé pour son compte de protester contre cette extension abusive du procédé baconien, en faisant voir tout ce qu'une étude de l'homme faite ainsi par le dehors contient de fictif et de peu expérimental.

D'autre part, en se séparant nettement de Descartes et en plaçant dans l'effort, phénomène à double face, le fait primitif de sa philosophie, il a ouvert à la psychologie des voies nouvelles,

---

(1) Ribot, *Les maladies de la volonté*, Paris, Alcan.
(2) *Journal*, 27 juillet 1816. On lira aussi avec intérêt sur ce point l'Introduction placée par M. Alexis Bertrand, en tête de sa publication des nouvelles œuvres inédites de Maine de Biran. — *Bibliothèque de la Faculté des Lettres de Lyon*, t. II, Paris, 1887.

assurément très fécondes. L'âme humaine n'est plus seulement pour lui une pensée, comme le veut Descartes ; il réclamera avec énergie contre la définition de l'homme, donnée par de Bonald : « une intelligence servie par des organes ». S'il n'a pas parlé de « tout naturel » ou de « composé humain », sa doctrine est bien conforme à cette conception aristotélicienne : aussi, d'après lui, ne peut-on pas prendre conscience du moral, indépendamment du physique. L'un des premiers, il a appelé l'attention sur les sensations organiques, soupçonné leur multiplicité ; l'ami de Cabanis, le philosophe malade, a signalé tout un côté négligé par les cartésiens. En toute justice, on pourrait sous ce point de vue compter Biran parmi les prédécesseurs des Spencer et des Bain. Son œuvre vient de la sorte se rattacher, en la prolongeant, à la philosophie de saint Thomas et à celle d'Aristote ; elle élargit la base expérimentale du spiritualisme, en faisant appel à toute l'expérience ; elle utilise les travaux de l'Ecole expérimentale en les encadrant dans une conception plus large, plus vraie, de la nature humaine. Plus d'un thomiste trouvera ainsi dans l'étude de l'œuvre de Biran un précieux auxiliaire et un très opportun complément.

Enfin, le phénoménisme a rencontré dans la

philosophie biranienne un redoutable adversaire. En plaçant le sentiment de l'activité au nombre des faits primitifs, il a victorieusement démontré que les phénomènes psychologiques ne se passent pas en nous sans nous, comme l'entend le sensualisme, mais qu'ils sortent du sujet. Celui-ci est donc avant tout une force, un principe d'action, un être dont la vitalité ne saurait être méconnue. Sans doute, Biran a voulu trop démontrer en s'efforçant de prouver contre Hume que cette réalité du sujet pouvait devenir dans certains cas privilégiés, l'objet d'une aperception immédiate et séparée. Le spiritualisme contemporain a abandonné depuis longtemps cette prétention excessive ; mais il suffit pour donner à ses conclusions une valeur catégorique que les phénomènes de conscience ne puissent jamais être saisis sans une aperception simultanée du sujet d'où ils émergent. Dès lors, il faut logiquement ou les admettre ensemble ou les rejeter ensemble. Par cette observation, les prétentions du phénoménisme, qui voudrait adopter une troisième attitude, c'est-à-dire reconnaître les faits psychologiques et nier l'existence du sujet, apparaissent vraiment insoutenables.

Il semble donc que l'on puisse dire sans exagération qu'il y a pour le spiritualisme contemporain, nous ne disons pas une nécessité d'adoption intégrale, mais une utilisation très légitime, très opportune et très féconde, de la philosophie biranienne.

III

LA PHILOSOPHIE RELIGIEUSE DE MAINE DE BIRAN ET L'APOLOGÉTIQUE MODERNE.

Ce serait avoir de Biran une connaissance fort incomplète, si, après avoir étudié l'homme politique et le philosophe, on négligeait de considérer le chrétien. C'est qu'en effet il y a dans son existence une troisième phase, de beaucoup pour nous la plus intéressante. Poursuivant le mouvement d'idées qui l'avait conduit du sensualisme au spiritualisme, Biran s'élève graduellement du spiritualisme au christianisme; c'est l'œuvre de la troisième période, de 1818 à 1824, celle dont l'étude attentive peut nous fournir, sur la valeur de nos méthodes modernes d'apologétique, les plus utiles enseignements.

Cette conversion de Biran fut, disons-le tout de suite, le résultat non d'une crise, mais d'une évolution; il n'y a pas eu chez lui de nuit historique durant laquelle son âme se soit brusquement ouverte aux clartés de la foi ; rien de semblable à un coup subit, irrésistible de la grâce, qui transforme soudainement ses dispositions intimes. La cause de cette évolution est dans le lent mouvement de sa pensée qui dégage peu à peu les conséquences logiques de sa philosophie spiritualiste, et aussi dans le contact avec la vie. Si Biran avait eu à écrire, comme le fera plus tard Manning, les *raisons de sa croyance*, il eût dû invoquer avant tout des raisons psychologiques et des raisons morales : essayons de les indiquer.

On se souvient du motif qui avait, pendant quelques années, retenu Biran dans la philosophie sensualiste : la considération de cette preuve indéniable qu'il portait en lui, du fait de son état maladif, de l'influence du physique sur le moral ; mais bientôt il s'était rendu compte de l'existence d'une activité « superorganique », et l'homme lui était apparu avant tout comme une volonté qui se révélait dans l'effort. En même temps, il découvrait dans son âme des aspirations plus vives vers le bonheur, que les occupations tumultueuses de sa jeunesse avaient pu un moment étouffer, mais qui se faisaient sentir maintenant plus impérieuses. C'est alors que Biran, passant de la psychologie à la morale, commença à chercher, parmi les systèmes qui s'offraient à lui, celui qui était capable de mieux répondre à ses désirs, tout en s'adaptant à sa doctrine philosophique. Or les théories stoïciennes lui parurent remplir l'une et l'autre condition. Ne pouvait-il pas espérer trouver dans ce mépris hautain de la sensibilité, professé par le Portique, une recette commode pour oublier ses souffrances? Et Biran ajouta ainsi à sa psychologie de l'effort une morale de la volonté.

Ce fut cette doctrine morale qui lui servit de transition dans son passage de la philosophie pure à la religion. Mais elle ne le retint pas longtemps, car il s'aperçut bientôt que le stoïcisme n'est pas une doctrine humaine. Il ne console pas, en effet, il entend seulement ignorer. Or, il y a des souffrances qui ne se laissent pas ignorer. L'état maladif de Biran allait chaque jour s'aggravant; d'autre part un désenchantement profond de toutes choses saisissait celui qui avait été si longtemps un rêveur. Tout comme il avait vu, à l'encontre du sensualisme, la puissance réelle de la volonté, il en éprouvait maintenant l'insuffisance. Il fallait donc se tourner vers un Être supérieur, chercher plus haut que la terre un appui et une consolation. Biran s'est donc élevé spontanément à la pensée de Dieu, pour échapper à des misères que les hommes ne pouvaient alléger ; il a senti la nécessité de ce secours, plus qu'il ne l'a raisonné. Aussi dira-t-il lui-même, en généralisant son expérience, que la religion est plutôt affaire de sentiment que de croyance. Au-dessus de la vie organique, la seule affirmée par le sensualisme, et de la vie humaine, reconnue par les spiritualistes, il plaça une troisième vie, la vie de l'esprit, qui a pour objet ces relations entre Dieu et l'homme ; il reconnaissait la subordination de l'homme à Dieu, comme il avait avoué la subordination, dans l'homme, de l'être organique à l'être moral.

A ses doctrines psychologiques Biran ajoutait donc une philosophie religieuse ; et celle-ci le conduisait bientôt à voir dans le christianisme la forme religieuse qui répondait le mieux à ses aspirations intérieures, comprenait sa faiblesse et y portait remède. « En psychologie, avait-il écrit, l'observation n'est que le recueillement (1) » ; il était arrivé au christianisme en se recueillant ; l'étude de lui-même l'avait amené, après bien des détours et des lenteurs, à l'amour de Dieu et à l'adoration de Jésus-Christ. Chrétien de cœur depuis déjà quelques années, Biran en vient, aux dernières pages de son *Journal* à des affirma-

(1) *Journal*, 13 Septembre 1823.

tions de sa foi de plus en plus vives, et dans sa dernière maladie, à la pratique religieuse. Il avait été souvent visité, durant ces jours d'épreuve, par Mgr Frayssinous, l'un de ses amis ; et sa fin fut adoucie par les sacrements, reçus de la main du curé de sa paroisse de Paris, Saint-Thomas-d'Aquin (1).

Dans cette évolution religieuse de Biran, la maladie avait certainement sa part, et aussi l'influence de ses lectures, comme de quelques amis, Ampère, Guizot, Lainé, Mgr Frayssinous, qu'il fréquentait assidûment. La maladie, qui est l'état naturel du chrétien, comme dit Pascal, l'avait amené à mieux sentir l'impuissance des consolations humaines devant certaines douleurs ; ses lectures et la conversation de philosophes spiritualistes avaient ouvert devant ses yeux des horizons nouveaux et posé des problèmes. Mais ce ne furent nullement là, comme on a voulu l'insinuer (2), pour atténuer la valeur apologétique de cette conversion, les motifs principaux qui la déterminèrent. Biran vint au christianisme par l'observation intérieure, mais il y vint, pour

---

(1) *Cf. L'Ami de la Religion*, 24 Juillet 1824.
(2) *Grande Encyclopédie*, article Maine de Biran, par PICAVET, et aussi Ch. ADAM. — *Philosophie en France au XIXᵉ siècle*, Alcan 1894.

ainsi parler, par étapes. La psychologie bien conduite lui montra d'abord que l'âme est naturellement religieuse, puisqu'elle est naturellement chrétienne.

On pressent dès lors comment Biran a pu être revendiqué par l'apologétique moderne pour l'un de ses précurseurs. Il importe de bien établir ce qu'il y a de légitime dans cette filiation.

Faut-il d'abord voir en Biran, comme certains l'ont tenté, un philosophe de la croyance ? L'on sait que pour certains de nos contemporains, et quelques apologistes, lassés des spéculations métaphysiques, de leur apparente inutilité, et aussi imprégnés, quoique peut-être à leur insu, de l'esprit de la critique kantienne, ce n'est plus à la raison spéculative qu'il faut s'adresser pour établir les fondements de la science, de la morale et de la religion. Au fond de toute chose, il y a, nous dit-on, une affirmation libre de la volonté ; toute démonstration repose sur un postulat ; toute certitude implique en définitive un acte de foi. Or ces théories, qui sont celles du néo-criticisme et de Renouvier, leur chef, certains apologistes ont jugé utile de les adapter à la défense du catholicisme ; et ils ont essayé d'une apologéti-

(1) *Journal*, 30 juin 1818.

que de la croyance, qui met en lumière le besoin de croire, inhérent à la nature humaine et qui se retrouve dans toutes les formes de son activité. Kant a au fond éliminé la religion, en la ramenant à de pures affirmations morales ; eux, au contraire, espèrent ramener au christianisme en s'appuyant sur une philosophie antiintellectualiste.

Or a-t-on raison de compter Biran parmi les précurseurs de ce mouvement ? Il nous semble qu'il y aurait, à le soutenir, une méconnaissance profonde de sa vraie doctrine. Sans doute Biran a parlé de Kant souvent et en termes élogieux. Il aime, déclare-t-il, à entendre son ami Stapfer (1) lui exposer cette morale. C'est qu'il est séduit par la pureté et l'élévation de cette affirmation si nette de notre personnalité ; les théories de Kant le consolent du sensualisme. Mais lui qui n'a pas voulu du stoïcisme, parce qu'il ne le trouvait pas assez humain, comment accepterait-il intégralement une doctrine qui refuse d'accorder une place, parmi les motifs légitimes d'action, même au plaisir ressenti à faire le bien ? « Rien de plus vrai et de plus fondé, dira-t-il encore, que la distinction de Kant entre la raison spéculative et la raison pratique (1) ». Or, loin de l'en-

(1) *Journal*, 24 Janvier 1821.

tendre au sens strict de la philosophie kantienne, il ne voit dans cette distinction qu'une application de ce dualisme, de ce « duumvirat » de notre nature qu'il a si souvent affirmé : « Je pense dans mon cabinet comme un homme spirituel et j'agis au dehors comme un homme charnel »; le Kant qu'il invoque lui apparaît comme un lointain commentateur de saint Paul. Il est encore exact que, dans sa *Défense de la philosophie*, Maine de Biran fait, contre de Bonald, l'éloge de Kant; il déclare que son nom est lié aux grandes vérités philosophiques qu'il a su constater ou mettre dans un nouveau jour (1) et que tous doivent apprendre à l'honorer pour avoir mis à l'abri de toute atteinte « le sanctuaire des premières vérités religieuses et morales dont il montra la sanction dans la conscience et le sentiment » (2). Mais, loin d'adopter son scepticisme métaphysique, Biran se propose dans cet écrit de réfuter le traditionalisme de Bonald qui méconnait les droits de la raison ; il s'attache à montrer qu'il y a des vérités si claires, des faits si évidents, ceux-là mêmes qu'il appelle faits primitifs, que le scepticisme ne peut rien contre eux ; et sa revue des systèmes philosophiques a pour but de prouver, contre son adversaire,

---

(1) *Œuvr. inédit*; t. III, p. 171.
(2) *Ibid.*, p. 199.

la valeur réelle de la raison qui a constitué, éparse à travers les théories des diverses écoles, une philosophie permanente, et vraiment *une*. L'œuvre de Kant est un réquisitoire contre la raison et la métaphysique, le travail de Biran que l'on a cité est un plaidoyer très net en leur faveur. Et dans la même page où il exalte le philosophe de Kœnisberg, Biran proteste contre ceux qui veulent « mutiler l'esprit humain en lui interdisant l'exercice d'une faculté d'examen, qui, étant dans sa nature, n'est susceptible d'aucune limitation prescrite *a priori* ou avant l'expérience ». Or, n'est-ce pas là la tentative de Kant ?

De ce qui précède on est en droit de conclure que, malgré quelques expressions qui pourraient donner le change, la doctrine religieuse de Biran est en opposition trop nette avec les théories criticistes pour qu'il soit légitime de le considérer comme un philosophe de la croyance.

Une autre école, qui insiste sur la valeur apologétique de la méthode dite d'immanence paraît mieux fondée à se rattacher à Maine de Biran. Ceux qui la soutiennent estiment que l'analyse intégrale de l'âme nous révélera des aspirations, des nécessités, que nous sommes impuissants à satisfaire, en sorte que *naturellement*, nous faisons appel à un surplus, à un complément de pensée et d'action. Or Biran ne s'est pas placé à un autre point de vue ; il a pris son point de départ tout à l'intérieur de l'homme, et il a trouvé Dieu, au point d'arrivée. La philosophie, dans sa compréhension totale, lui est apparue comme la science du *moi* et la science de Dieu, les deux pôles, dira-t-il, de la connaissance humaine. La psychologie, écrira-t-il encore, mène à la religion. Biran est donc bien un *immanent* avant la lettre ; nous pouvons donc en toute impartialité juger de la valeur de cette méthode apologétique d'après les résultats qu'elle a fournis. L'évolution religieuse de Biran réalise pour nous, par avance, cette si instructive expérimentation.

Tout d'abord, la doctrine biranienne conduit à reconnaître très rapidement l'existence de Dieu. C'est là, pour notre philosophe, une vérité première, et, comme il le dit « presque un fait primitif » ; tout comme la causalité tombe sous les prises d'une aperception immédiate, ainsi la cause première est affirmée comme d'instinct. « C'est sur le principe de causalité, identique avec le fait primitif de l'existence, que repose l'idée religieuse » (1). Ceci marque bien l'élan spontané en vertu duquel l'âme s'élève à la connaissance de

---

(1) *Op. cit.*, p. 47.

Dieu, avant toute démonstration rigoureuse, par une sorte de dialectique très rapide. « Dans l'ordre naturel des sentiments et des idées, l'âme saisit Dieu dans ceux de ses attributs qui sont en rapport avec son bonheur et son existence, longtemps avant que l'esprit ou la raison ait complété et purifié cette sublime idée » (1). La philosophie de Biran a rendu ce service d'appeler davantage l'attention sur les preuves psychologiques de l'existence de Dieu.

Sur la nature de ce Souverain Être, elle ne donne pas un enseignement moins précieux. On sait comment le panthéisme est devenu la forme toujours redoutable de la religion ou de l'irréligion moderne ; on garde les élans de piété, un mysticisme vague qui paraît suffire à contenter le cœur, tandis que l'esprit nie au fond cette réalité insaisissable, indéfinie. Comment avoir en vérité une religion envers l'anonyme ou le collectif? Or, Biran ne trouve pas d'expression qui lui paraisse assez forte pour qualifier l'erreur du panthéisme, car il y voit une contradiction absolue à sa doctrine sur le fait primitif de l'effort volontaire. « Le panthéisme, qui méconnaît ou nie la causalité pour tout réduire à l'unité collective et

(1) *Id.*, p. 49.

abstraite de substance, exclut les deux unités par excellence : Dieu et le *moi*, c'est-à-dire la personne et la liberté. C'est la nullité absolue de religion comme de morale ; c'est le produit monstrueux de la raison dans toute sa force, qui, d'un faux point de départ, arrive par une route longue et laborieuse au dernier terme de l'absurdité » (1).

Dieu doit donc être conçu comme une personnalité morale. « Le sentiment religieux constitue toujours un véritable anthropomorphisme spirituel ». Le mécanisme psychologique est, en effet, essentiellement le même, soit qu'après avoir saisi la causalité en nous, nous la projetions dans la nature, soit qu'après avoir pris conscience de notre intelligence, de notre liberté, d'un mot, de notre *moi*, nous ne puissions pas ne pas les attribuer à Dieu, infiniment agrandies. Ainsi Biran met l'accent sur les perfections morales de l'Être suprême ; et à l'encontre du pur déisme qui, s'en tenant à la considération des attributs métaphysiques, fait, pour ainsi dire, évanouir sa personnalité et diminue le plus possible la réalité de son existence, la doctrine du philosophe périgourdin nous amène, dès que nous avons affirmé

---

(1) *Op. cit.*, p. 50.

Dieu, à le reconnaître pour notre père. « A la notion de cause absolue et infinie des existences se joignent en effet les sentiments de sympathie de confiance et de respect qui fondent les rapports de famille et de société (1). « Dieu, écrira-t-il encore, ne peut se manifester à l'esprit que par l'intermédiaire du cœur et du sentiment, qui est le médiateur entre la pensée humaine et l'infini » (2). Tout comme les théories de Biran nous apportent un secours dans la réfutation du panthéisme, elles nous aident efficacement à nous protéger contre le déisme. De sa philosophie spiritualiste on peut dire, si l'on autorise cette expression, qu'elle est un christianisme commencé.

Cette remarque nous conduit à signaler un troisième point par lequel la doctrine biranienne se relie à l'apologétique, et, en particulier, aux méthodes d'apologétique qu'affectionne la pensée contemporaine. Parmi ceux qui sont les défenseurs des droits de la raison, les uns voient surtout en elle une sorte d'instrument de libération intellectuelle ; en nous montrant par quels procédés imaginatifs les dogmes commencent et aussi comment ils finissent, elle se présente comme le substitut de la foi ; les lumières de la

(1) *OEuvres inédites*, t. III, p. 55.
(2) *OEuvres inédites*, p. 45.

philosophie tiennent lieu des clartés surnaturelles, la morale prend la place de la religion ; c'est, par exemple, la conception d'un Jouffroy qui entend retrouver, par le seul effort de la réflexion, les grandes vérités morales et religieuses que le christianisme avait apporté au monde (1). Il y a une seconde attitude. La raison et la foi ne se combattent plus, elles s'ignorent, ou encore elles vivent en bonne harmonie à condition de ne pas se rencontrer. Ainsi, Cousin les traite magnifiquement de « sœurs immortelles », puis, cette déclaration diplomatique faite, il reconduit la foi hors du domaine de la pensée et de la vie (2) ; c'est, par avance, le régime de la neutralité scolaire ou ce que Gratry appelle avec bienveillance « la philosophie séparée ». A cette méthode, ce dernier oppose la philosophie chrétienne, celle qui allant « jusqu'au bout de la raison », l'amène directement à Dieu (3). La philosophie ainsi conçue devient une préface de l'apologétique.

Or, tout le désir de la philosophie moderne de l'action ou de l'immanence est de constituer une vraie, rigoureuse, scientifique démonstration du

---

(1) *Cf.* Ollé-Laprune. — *Théodore Jouffroy,* Paris, Perrin, 1899.
(2) J. Simon. — *Victor Cousin,* Paris, Hachette, 1891.
(3) *De la connaissance de l'âme.* — Paris, Douniol, 1860, préface.

christianisme : et par là, elle mérite assurément nos sympathies. Elle entend être une propédeutique à la foi. Mais avant nos modernes apologistes, avant Ollé-Laprune, avant Gratry, Maine de Biran a écrit qu'il « règne un accord parfait entre la psychologie et la religion ; l'une mène à l'autre », que « la communication de l'*esprit* avec notre esprit est un véritable fait psychologique », et, ce qu'il ne peut pas se lasser de répéter, parce que Biran y tient comme à la synthèse de tout son système, que la science du *moi* conduit à la science de Dieu. Dans la continuité de son lent développement philosophique, il nous montre sur le vif, et dans le concret, comment s'effectue ce passage de la psychologie à la théodicée. Le spiritualiste est devenu un chrétien, non point par une déviation de sa doctrine et de sa méthode, mais par l'application intégrale, le prolongement logique de l'une et de l'autre.

Jusqu'ici, on s'est essayé à mettre en lumière par l'exemple de Biran, les ressources que présente la psychologie religieuse pour incliner les âmes à la foi ; peut-être ce même exemple nous indiquera-t-il les dangers qu'il y aurait à négliger la considération du fait historique de la Révélation, pour s'attacher exclusivement à cette apologétique introspective.

L'inconvénient le plus sensible de ce procédé, celui dont on ne peut pas manquer d'être frappé, c'est son extraordinaire lenteur. En interrogeant l'âme humaine, Tertullien croyait obtenir en faveur du christianisme une réponse immédiate et décisive, tout comme saint Anselme le tentera plus tard pour l'existence de Dieu. Et voilà que, plus de seize siècles après, un philosophe se présente qui, sans s'en douter, applique la même méthode. Il a, pour l'aider dans ce travail, l'habitude de l'analyse patiente et puissante, une grande droiture d'âme et le désir de trouver la paix dans la vérité ; il apporte donc à la fois les qualités intellectuelles et les vertus morales. Nul ne semble mieux préparé que lui à ce service. Or, pour aller du spiritualisme au christianisme, il ne met pas moins de quinze années, de 1805 à 1820 environ ; et encore n'en vient-il à l'affirmation décisive de sa foi que plus tard, et peu de temps avant sa mort. Ce fait avait été déjà bien signalé, avant les controverses actuelles, et par un partisan décidé de la psychologie religieuse. « Nous voulons constater et admirer aussi, dit le P. Gratry, comment l'esprit le plus puissant, le penseur le plus opiniâtre, mais séparé à son début des données lumineuses de la philosophie chrétienne, a besoin d'un demi-siècle d'ex-

périence, de travaux, de souffrances, de prières, pour parvenir à retrouver ou plutôt à reconnaître les grandes lignes de cette philosophie, qui existe au milieu de nous depuis des siècles (1). »
Peu d'années après, un autre auteur portait un jugement analogue :

« Qu'on étudie son âme, qu'on l'analyse afin d'y faire la lumière et d'appeler le remède, pour la remettre, ainsi éclairée et guérissable, entre les mains de Dieu, voilà ce que j'ai loué de cette riche et profonde méthode psychologique. Mais on comprend également que si elle est la voie, elle ne doit pas être le but... enfin que cette méthode ne peut devenir continue sans être un péril ou du moins une entrave. Il est facile de voir qu'elle doit premièrement absorber et retenir l'esprit dans un détail d'analyse éternel (2) ».

Ainsi en a-t-il été de Maine de Biran. Alors qu'il vient d'affirmer la réalité de ses expériences religieuses, de cette influence de la grâce sur son âme, ses doutes le reprennent, et, à la page suivante de son *Journal*, on le voit se demander s'il ne serait pas victime de son imagination ou si ces phénomènes particuliers ne se rattacheraient

---

(1) *De la connaissance de l'âme*, préface.
(2) Mgr Baunard, *Le Doute et ses Victimes*, ch. ii, Maine de Biran.

pas à quelque modification organique insoupçonnée. Après avoir dit : « je suis sûr », il écrit : « peut-être ». Or, quand Biran a mis si longtemps et a tant souffert pour parvenir à la foi avec cette méthode, peut-on légitimement espérer que beaucoup d'autres réussiront mieux ?

Et ce n'est pas encore là le plus grave danger de l'emploi exclusif de ce procédé. Un autre existe, bien plus redoutable, celui de ne parvenir qu'à un christianisme purement moral, dont l'élément dogmatique aura été éliminé, c'est-à-dire à un christianisme à peu près laïcisé. Comment retrouverait-on au fond de son âme, et par la seule expérience, la Révélation chrétienne, à moins d'admettre que chacun de nous ne devienne le sujet d'une illumination spéciale, d'une révélation propre. Cette conclusion, les protestants l'avaient tirée, lorsque, pour sauver les croyances dogmatiques, après s'être séparés de l'Eglise qui en est l'infaillible dépositaire, ils invoquaient le témoignage interne du Saint-Esprit ; et quand, sous la poussée du rationalisme, le protestantisme libéral a nié, en fait, cette intervention, il a été amené à ne plus voir dans le christianisme qu'une forme supérieure de vie morale.

Que Maine de Biran n'ait pas évité entièrement ce danger, M. Ernest Naville l'a signalé voilà déjà longtemps avec une très grande netteté et un vrai sens religieux. « La foi chrétienne, bien qu'elle s'appuie avant tout sur ces dispositions intérieures, qui seules la rendent efficace, n'en est pas moins dans sa plénitude la rencontre de deux classes de faits d'ordre différent... La religion positive se compose donc de deux éléments parfaitement distincts, bien qu'intimement unis ; un *sentiment* personnel de sa nature et une *croyance* qui transporte l'âme hors d'elle-même... On ne peut supprimer l'un de ces deux éléments, l'un extérieur, l'autre interne, sans que les bases de la vie religieuse en soient profondément ébranlées (1). » Aussi M. Naville, dont le témoignage est singulièrement intéressant en cette occurrence, n'hésite pas à dire qu'il y a une « lacune considérable dans cette conception du christianisme », tel que l'entend Biran.

De cette lacune on constate une preuve évidente dans sa théorie des deux révélations. Pour concilier la raison et la foi, Biran estime qu'elles ont bien leur domaine propre, mais qui se correspondent exactement ; il n'y aurait de différence que dans le mode de connaissance, et nullement dans l'objet. En d'autres termes, la révélation

---

(1) *Maine de Biran, sa vie et ses pensées*, préface, p. 95.

extérieure ne serait que l'équivalent de la manifestation par la conscience des premières vérités morales et religieuses. Et il apparaît tout de suite qu'établir cette identité, c'est assimiler la dogmatique à la théologie naturelle, c'est-à-dire au domaine purement rationnel, ou en d'autres termes, supprimer le christianisme. Biran n'en est pas heureusement venu là, et la fin de sa vie marque une orientation nouvelle. Mais il n'en reste pas moins que, pour s'être tenu si longtemps en face de lui-même, dans cette attitude d'individualiste, il a vraiment couru ce danger.

Nous pouvons donc conclure. Maine de Biran est bien de la famille d'un saint Augustin, d'un Pascal, d'un Malebranche, d'un Gratry, d'un Newman. L'analyse admirable qu'il nous a laissée de l'évolution de ses dispositions intimes nous révèle clairement le rôle important que joue, dans la préparation à l'acte de foi, la droiture du cœur et l'élévation de la vie morale ; il nous a fait, pour ainsi parler, toucher du doigt que l'âme humaine est naturellement religieuse, et que parmi les diverses formes religieuses, le christianisme est celle qui convient le mieux à notre nature. Par là, il est vraiment un précurseur de l'âme contemporaine qui, lasse du positivisme, aime à s'attacher à l'étude des aspirations morales et de la vie intérieure; et il lui montre tout le parti que l'on peut tirer de cette analyse, pour conduire les esprits à la foi, si l'on sait la compléter par l'examen objectif des faits historiques et des preuves externes de la révélation chrétienne.

BIBLIOGRAPHIE

I. — Œuvres de Maine de Biran

La plupart des œuvres de Maine de Biran n'ont été connues du public que longtemps après la mort de ce philosophe. De son vivant, il avait seulement fait paraître en 1803, son mémoire sur l'*Influence de l'habitude*, en 1817, une courte étude sur l'*Examen de la philosophie des Leçons de Laromiguière*, et en 1819, une notice sur Leibniz dans la *Biographie universelle*. Un premier volume d'œuvres inédites fut donné en 1834, par Victor Cousin, et suivi en 1841, de trois autres, sous ce titre : *Œuvres philosophiques de Maine de Biran*; quelques années plus tard, M. Ernest Naville, à qui l'on doit la publication des plus importants travaux de Maine de Biran, fit paraître trois autres volumes d'*Œuvres inédites*, et le *Journal intime*; depuis, quelques autres travaux ont été publiés par MM. Gérard, Bertrand, Picavet. On trouvera à la fin du troisième volume des *Œuvres inédites* un catalogue minutieux dressé par M. Naville de tous les manuscrits de Biran que l'on possède.

Victor Cousin. — Œuvres philosophiques de Maine de Biran, 4 vol., Paris, 1841.

Ernest Naville. — Œuvres inédites de Maine de Biran, 3 vol. 1859.

Ernest NAVILLE. — Maine de Biran, sa vie et ses pensées, Paris, 1857.

Jules GÉRARD. — La philosophie de Maine de Biran, essai suivi de Fragments inédits, Paris, Germer-Baillière, 1876.

Alexis BERTRAND. — Science et psychologie, nouvelles œuvres inédites de Maine de Biran, *Bibliothèque de la Faculté des Lettres de Lyon*, t. II, Paris, Leroux, 1887.

Fr. PICAVET. — Philosophie de Biran, de l'an IX à l'an XI.

II. — Travaux à consulter sur Maine de Biran

ADAM. — La philosophie en France, Paris, 1854.

Barthélemy ST-HILAIRE. — Philosophie des deux Ampère, Paris, 1866.

Mgr BAUNARD. — Le doute et ses victimes, Paris, 1866.

BERTRAND. — La psychologie de l'effort, Paris, Alcan, 1889.

CARO. — Revue Contemporaine, 1857.

COUSIN. — Œuvres philosophiques de Maine de Biran, t. IV, introduction.

DAMIRON. — La philosophie en France au XIXe siècle, t. II, 1828.

GÉRARD. — La philosophie de Maine de Biran, Paris, 1876.

GRATRY. — De la connaissance de l'âme, t. I, introduction, 1860.

JANET. — Les maîtres de la pensée contemporaine, 1883.

JANET. — Revue philosophique, XIV « Un précurseur de Biran ».

E. KONIG. — *Entwic Kelung des Kausal problems*, 1890.

E. NAVILLE. — Œuvres inédites de Biran, t. I, Introduction.

E. Naville. — Dictionnaire des sciences philosophiques, article Maine de Biran.

Nicolas. — Etude sur Maine de Biran, Paris, 1858.

Picavet. — Les idéologues, Paris, 1891.

Picavet. — Grande Encyclopédie, article sur Maine de Biran.

Ravaisson. — La philosophie en France au XIX° siècle. 1867.

Sainte-Beuve. — Causeries du lundi, xxii.

J. Simon. — Revue des Deux Mondes, 1841.

Taine. — Les philosophes classiques, 1855.

PREMIÈRE PARTIE

Le psychologue

CHAPITRE I

MÉTHODE DE LA PSYCHOLOGIE

L'on peut dire en toute vérité de Maine de Biran qu'il est, suivant une expression qu'il affectionne, un des « restaurateurs » de la science psychologique, par le soin qu'il met à en bien fixer la méthode. La conception qu'il s'efforce de faire prévaloir est en opposition nette avec celle des Écossais et des Idéologues, qui se partagent alors la maîtrise des esprits. — Pour les Écossais, la psychologie doit se servir d'une méthode identique à celle de la science physique, c'est-à-dire, observer les faits, les classer, dégager des lois ; toutes deux sont des sciences essentiellement inductives. Ainsi se trouverait supprimée l'antique opposition signalée par Bacon, entre la science de la nature, et la science de l'esprit ;

internes ou externes, les faits sont étudiés d'après les mêmes procédés. — Les Idéologues, disciples de Condillac, ramènent la psychologie à l'observation des phases diverses par lesquelles la sensation s'épure, se métamorphose et devient la pensée ou la volition ; ce sont des chimistes qui analysent, mais leur chimie est, comme le dira plus tard Stuart Mill, une « chimie mentale ». Aux uns et aux autres, Biran reproche d'avoir confondu la science de l'objet, et la science du sujet, l'étude du fait intérieur et du fait extérieur, et de s'être placé, pour étudier l'homme, en dehors de lui, comme Condillac l'avait fait pour sa statue. La psychologie diffère essentiellement des sciences physiques en ce qu'elle s'appuie sur des aperceptions internes immédiates qui emportent avec elle le sentiment de la réalité du sujet et de la cause du phénomène intérieur, tandis que la notion de cause ou de substance n'est qu'associée à l'observation des phénomènes externes. Le scepticisme peut donc mettre en doute la réalité de celle-ci ; il ne peut rien contre le sentiment intime de l'existence du sujet.

« Observer les faits, les classer, poser les lois, chercher les causes, tel est l'ordre des procédés assignés par la philosophie de l'expérience à l'esprit qui tend à s'élever des premiers échelons de la connaissance jusqu'au plus haut degré qu'il soit permis d'atteindre.

« Cette marche régulière et progressive donnée

par le génie et en quelque sorte par l'heureux instinct des premiers observateurs de la nature a été tracée et en quelque sorte régulièrement jalonnée dans les ouvrages modèles du célèbre restaurateur des sciences naturelles, Bacon, qui s'en servit lui-même avec succès pour dresser la mappemonde de nos connaissances, en distinguant la vraie science formée d'après ces procédés de la fausse dont le vide et les erreurs systématiques paraissent évidemment se rattacher à la transgression des mêmes procédés... Je ne crains pourtant pas de m'exposer, dès mon début, à une prétention défavorable, en observant d'abord :

« 1° Que s'il y a plusieurs facultés de l'esprit humain, et non pas une seule, comme on a prétendu l'établir, et peut-être en violant la méthode elle-même ou classant avant d'observer, il doit y avoir avant tout plusieurs méthodes et non pas une seule pour donner à chacune de ces facultés l'emploi et la direction qui leur conviennent.

« 2° Qu'ainsi cette unité de méthode ne saurait être conçue comme praticable, s'il est vrai qu'en appliquant aux choses extérieures certains moyens ou certains sens appropriés à la connaissance objective, notre esprit est disposé d'une toute autre manière, que lorsqu'il s'applique à se reconnaître lui-même par l'emploi d'autres moyens ou d'autres sens appropriés, si l'entendement humain a pour ainsi dire telle face dirigée vers le monde extérieur, et telle autre concentrée sur ses propres modifications ou actes, etc.

« 3º Enfin qu'on prétendrait vainement transporter à la philosophie première ou à la science des phénomènes de l'esprit humain les procédés de la méthode expérimentale, si l'observation intérieure diffère essentiellement par ses moyens et son objet de celle qui sert de base aux sciences naturelles; si les faits de la première ne sont nullement susceptibles de l'espèce d'analogie ou de ressemblance qui détermine les classifications physiques ou si le point de vue qui rapproche et réunit sous une idée et un terme communs les phénomènes qui coexistent dans l'espace est opposé à celui qui distingue et sépare les modes ou actes de l'esprit humain qui se succèdent dans le temps; si les lois métaphysiques et nécessaires de la pensée contrastent avec les lois physiques, contingentes et variables; enfin, si les causes physiques conçues dans un un ordre déterminé de succession expérimentale des phénomènes à laquelle s'attachent exclusivement les physiciens, diffèrent *totd naturd* des causes *efficientes* auxquelles s'attache le psychologue comme au point sur lequel roule toute sa science.

« Ainsi il n'y aurait d'identique ou de commun dans les procédés des deux sciences que les signes : observer, classer, etc., tandis que les choses ou les opérations sont réellement d'une autre nature, puisque observer en psychologie n'est pas voir ni exercer aucun sens externe, que classer n'est pas apercevoir des ressemblances, que poser des lois contingentes ou chercher des causes physiques n'est pas constater des lois nécessaires de l'esprit humain et l'existence des causes efficientes. »

Suit l'analyse de trois ordres de faits différents, donnant naissance à trois sciences parallèles, la physique, la physiologie, la psychologie.

« Il résulte des analyses ou définitions qui précèdent que nous sommes fondés à reconnaître trois ordres de *faits* qui serviront de fondements à autant de sciences distinctes par leur objet et peut-être aussi par leurs procédés méthodiques.

« 1° Les faits extérieurs sont des composés primitifs résolubles en deux éléments ou deux termes de rapport, savoir : le *phénomène* externe ou l'*intuition* qui est comme la matière du fait conçu ou représenté, et la notion d'un sujet substantiel ou cause permanente qui est comme la forme intellectuelle du fait et sous laquelle l'esprit saisit ou se représente les phénomènes.

« La physique, ou science de la nature, est la science des faits extérieurs représentés par intuition. Les faits y sont d'abord considérés en eux-mêmes, comme s'ils étaient simples et absolus, et sans relation au sujet qui les perçoit, à la substance à qui ils sont inhérents ou à la cause efficiente qui les produit.

« Cette relation subsiste bien toujours, il est vrai, dans l'intimité de la pensée, mais parce qu'elle est première, fondamentale de la connaissance et profondément habituelle, l'esprit la perd de vue pour s'attacher uniquement aux intuitions phénoméniques dont il cherche à saisir les ressemblances ou analogies sensibles, et l'ordre des successions ou liaisons en *temps*, que l'expérience répétée convertit en *lois*.

« Ainsi la science de la nature, considérée dans son objet premier et sa méthode appropriée, est moins celle des faits que celle des phénomènes extérieurs et de leur ordre de succession, pris dans l'intuition absolue qui les représente, et en faisant abstraction ou plutôt confusion du sujet qui se représente, de l'objet permanent représenté et de la cause efficiente de la représentation.

« 2° Les faits *intérieurs* sont des composés *primitifs*, résolubles aussi en deux éléments, savoir: les phénomènes ou affections simples de la sensibilité animale, et la notion d'un sujet permanent, à qui ces affections sont inhérentes comme modalités, ou d'une *cause* intérieure qui les effectue dans un *temps*.

« La science de ces phénomènes intérieurs organiques, connue sous le titre de *physiologie*, est la science de la nature *vivante*. Suivant les procédés de la physique dont elle est une branche, cette science s'attache également d'une manière exclusive aux affections ou aux *phénomènes* de la vie et de l'organisation, en faisant abstraction ou confusion du sujet identique et permanent qui les perçoit, et en même temps de la *cause* interne qui les effectue, comme de la volonté qui peut concourir quelquefois à les produire et toujours à les modifier. La physiologie plus encore que la physique est une science de purs phénomènes, dont l'observation par les sens et l'expérience extérieure répétée, déterminent l'ordre d'analogie et de succession, sans qu'il y ait lieu pour elle à chercher ni même à concevoir l'existence réelle de substance ou de cause.

« 3° Les faits primitifs du sens intime ou plutôt le fait primitif unique (*sui generis*) qui réunit en lui le caractère du genre et de l'individu, consiste dans un rapport fondamental unique simple, ou irrésoluble en termes phénoméniques, où la cause et l'effet, le sujet et le mode actif se trouvent unis indivisiblement dans le même sentiment ou la même perception d'effort (*nisus*) dont les muscles soumis à la volonté sont les organes propres. C'est de cette impression originelle d'un effort que dérivent toutes les idées de forces ou de causes.

« On appelle *psychologie* la science qui, s'attachant d'abord à ce fait primitif et à ses dérivés immédiats, se propose de faire l'analyse complète des *faits* externes en y désignant la part phénoménique de l'objet et la part réelle du sujet ; d'y reconnaître ainsi les véritables éléments formels de ces faits, de rappeler à leur source primitive les notions de cause et de substance ; de justifier la réalité absolue que nous leur attribuons ; de donner ainsi une base à la science des phénomènes et d'en garantir la solidité en l'appuyant sur le fait évident et irrécusable de la conscience ou de l'existence du moi (1). »

(1) *Rapports des sciences naturelles avec la psychologie*, publié par M. Al. Bertrand, p. 128-135.

CHAPITRE II

DU FAIT PRIMITIF DE L'EFFORT

Rechercher ce fait primitif, évident, irrécusable, dans lequel le moi s'apparaît à lui-même, a toujours été la préoccupation de Biran. En expliquant à quelle condition la conscience est possible, au lieu seulement de constater le fait, comme Descartes, il pense avoir définitivement écarté le scepticisme de Hume, et posé les vrais fondements de la psychologie. Or, l'effort musculaire qui est pour lui ce fait primitif révèle, indissolublement liées, une « activité superorganique » et une « résistance organique », par conséquent deux éléments essentiellement distincts, quoique non séparés. Dans tous ses travaux Biran revient sans cesse sur l'explication de ce sentiment qui nous donne une aperception immédiate interne du sujet, du moi, séparé de tout phénomène. On peut dire que c'est là son idée maîtresse, le *leit-motiv* de toutes ses œuvres, le point central de toute sa philosophie.

« On a demandé souvent à Descartes ce qu'il entendait par sa pensée substantielle, nue et vide de toute représentation ; d'après quel fait ou quelle sorte d'expérience, il admettait la réalité d'une telle pensée, et il n'a jamais pu répondre nettement à cette question pressante.

« On a demandé aussi inutilement à Leibniz et à Locke en quoi consiste cette aperception immédiate interne qui se joint aux divers modes de la sensibilité et de la pensée, et n'est aucun de ces modes particuliers.

« On peut demander à Kant quelle est cette matière de la sensation qui n'est jamais sans une forme, ou quelle est cette forme qui n'a aucune réalité sans la matière.

« L'impossibilité reconnue de concevoir sous aucune idée sensible ou réfléchie chacun de ces éléments, comme distingués et séparés l'un de l'autre, a pu faire croire qu'il ne s'agissait que d'une distinction logique établie entre de purs éléments abstraits. Mais, si l'on parvenait à démontrer d'une part: qu'il y a un fait ou un mode réel (*sui generis*) unique dans son genre, tout fondé dans le sujet de la sensation qui est constitué tel par ce mode même ; que celui-ci peut subsister et avoir par lui-même le caractère de fait de conscience, sans être actuellement et indivisiblement uni à aucune affection passive de la sensibilité, ou à aucune représentation extérieure ; que dans lui se trouve avec le sentiment de personnalité individuelle, l'origine spéciale de toutes les idées premières de cause, de force, d'unité, d'identité, de substance, dont notre esprit fait un emploi si constant et si nécessaire, n'aurait-on pas trouvé la réponse aux demandes précédentes, sans remonter aux principes *a priori* ou sans sortir des limites de l'expérience intérieure ?...

« Pour procéder régulièrement à cette analyse, je reprends le principe de Descartes : *Je pense, j'existe*, et descendant en moi-même, je cherche à caractériser plus expressément quelle est cette pensée primitive, substantielle, qui est censée constituer toute mon existence individuelle, et je la trouve identifiée dans sa source avec le sentiment d'une action ou d'un effort voulu. Cet effort sera donc pour moi le fait primitif, ou le mode fondamental que je cherche et dont je suis appelé à analyser les caractères ou les signes...

« 1° Le fait primitif du sens intime n'est autre que celui d'un effort voulu, inséparable d'une résistance organique ou d'une sensation musculaire dont le *moi* est cause. Ce fait est donc un rapport dont les deux termes sont distincts sans être séparés. Pour qu'ils puissent l'être, il faudrait, dans l'hypothèse physiologique prise pour symbole, que l'action immédiate exercée du centre sur les nerfs moteurs fut accompagnée d'une perception interne particulière, distincte et séparée de la sensation musculaire; mais alors la même perception interne consisterait dans un autre rapport encore plus intime entre la force hyperorganique exercée du centre et les nerfs sur qui elle agit immédiatement. Ce serait donc l'inertie nerveuse qui remplacerait en ce cas l'inertie musculaire, et il n'y aurait rien de changé dans le caractère du fait primitif.

« 2° Le caractère essentiel du fait primitif consiste en ce que ni l'un ni l'autre des termes du rapport fondamental n'est constitué en dépendance nécessaire des impressions du dehors. Ainsi, la connaissance du *moi* peut être séparée dans son principe de celle de l'univers extérieur.

« 3° L'effort cause, le moi, a l'aperception interne de son existence dès qu'il peut distinguer cette cause qui est lui, de l'effet ou de la contraction rapportée au terme organique qui n'est plus lui, et qu'il met en dehors.

« 4° Le fait primitif qui sert nécessairement de point de départ à la science va donc se résoudre dans un premier effort où l'analyse peut encore distinguer deux éléments: une force hyperorganique naturellement en rapport avec une résistance vivante (1). »

(1) *Essai sur les fondements de la psychologie,* sect. 2, chap. I. OEuvres inédites, t. I. p. 203-205, 216-217.

CHAPITRE III

ORIGINE DE LA PERSONNALITÉ

Le fait primitif de l'effort est aussi pour Biran l'origine de la personnalité. Lorsque l'individu produit volontairement des mouvements qui étaient auparavant instinctifs, puis spontanés, il ne peut pas ne pas se les rapporter à lui-même, les reconnaître comme siens. A ce même moment, il s'affirme donc comme *personne* ou comme *moi*.

« Lorsque le centre (moteur) effectuera ainsi les mouvements par son action propre et initiale, ceux-ci prendront un tout autre caractère et deviendront *spontanés*, d'*instinctifs* qu'ils étaient d'abord. Or, cette spontanéité n'est pas encore la volonté, ou la puissance de l'effort, mais elle la précède immédiatement. En vertu de la spontanéité de l'action du centre, qui est le terme immédiat ou l'instrument propre de la force hyperorganique de l'âme, cette force, qui ne pouvait apercevoir ou sentir distinctement les mouvements instinctifs, commence à sentir les mouvements spontanés, qu'aucune affection ne trouble ou ne distrait. Mais elle ne peut commencer à les sentir ainsi comme produits par son instrument immédiat, sans s'en approprier le pouvoir. Dès qu'elle sent ce pouvoir, elle l'exerce, en effectuant elle-même le mouvement. Dès qu'elle l'effectue, elle aperçoit son effort avec la résistance, elle est cause pour elle-même, et, relativement à l'effet qu'elle produit librement, elle est *moi*.

« Ainsi commence la personnalité avec la première action complète d'une force hyperorganique qui n'est pour elle-même, ou comme *moi*, qu'autant qu'elle se connaît, et qui ne commence à se connaître qu'autant qu'elle commence à agir librement. Il ne s'agit pas de savoir ce que cette force est en elle-même, comment elle existe ou quand elle commence à exister absolument, mais quand elle commence à exister comme personne identique, comme *moi*. Or, elle n'existe pour elle-même qu'autant qu'elle se connaît, et elle ne se connaît qu'autant qu'elle agit.

« Quoique le fait primitif, dont nous cherchons à déterminer la source, semble échapper, dans cette source même, à toute espèce d'expérience, et ne se présente que comme hypothèse, nous pouvons trouver cependant quelques exemples propres à éclaircir, jusqu'à un certain point, l'origine de la personnalité, telle que nous venons de l'établir.

« 1° Dans le sommeil de la pensée ou du *moi*, il arrive quelquefois qu'on est réveillé en sursaut par des mouvements, des paroles ou des voix, produits d'une spontanéité semblable à celle qui sert originairement d'intermédiaire entre l'instinct et la volonté. A l'instant même de ce réveil subit, l'individu sent ces mouvements, non pas accompagnés de l'effort comme ils le sont dans l'état de veille, mais d'un sentiment de pouvoir les faire qui est, en ce cas, le souvenir de cet effort. C'est par là qu'il s'approprie en résultat ces mouvements spontanés qu'il n'a pas déterminés en principe, et cette appropriation de conscience caractérise seule le réveil complet. Ainsi, dans l'origine de la personnalité, le mouvement spontané donne l'éveil à l'âme, y fait naître comme le pressentiment d'un pouvoir qui détermine le premier effort voulu et avec lui la première connaissance.

« 2° Dans l'enfant qui vient de naître, et encore pendant un certain temps après la naissance, la locomotion et la voix ne sont mises en jeu que par l'instinct. L'enfant s'agite et crie parce qu'il souffre, et autant qu'il est affecté par des besoins ou des appétits simples. Tant que dure cet état purement sensitif, la volonté et l'aperception ne peuvent exister... Mais hors de l'empire exclusif des affections, des besoins ou des appétits de l'instinct, l'enfant crie et s'agite encore en vertu des déterminations ou des habitudes contractées par le centre moteur et par les organes de la locomotion ou de la voix. Ces mouvements alors spontanés sont de véritables sensations. Bientôt ils seront aperçus, voulus ou transformés par l'enfant lui-même *en signes volontaires* dont il se servira pour appeler à son secours. Voilà le premier pas de l'homme, *duplex in humanitate*, le premier signe de la personnalité naissante. Le passage cherché est donc franchi.

« Tel est l'ordre ou la série des progrès ; tel est le passage de l'instinct à la spontanéité, et de celle-ci à la volonté qui constitue la personne, le *moi*. L'animal franchit rapidement les deux premiers degrés, l'homme seul peut atteindre jusqu'au troisième, mais il ne l'atteint que progressivement, suivant certaines lois ou conditions que la philosophie doit s'attacher à connaître pour trouver les principes et l'origine de toute science. Si nous n'avons pu écarter tous les voiles qui couvrent cette origine, nous avons du moins montré comment, et dans quel sens, il faut admettre une origine assignable de la personnalité ; comment et par quels procédés de l'analyse, on peut espérer la trouver identifiée, non avec la première sensation d'une substance passive, mais avec la première action d'une force hyperorganique (1). »

(1) *Ibid.* p. 227-232.

CHAPITRE IV

L'APERCEPTION INTERNE, SOURCE DES IDÉES DE CAUSE, DE SUBSTANCE, D'UNITÉ, D'IDENTITÉ, ETC.

« La supposition de quelque chose d'inné est la mort de l'analyse ; c'est le coup du désespoir du philosophe qui, sentant qu'il ne peut remonter plus haut, et que la chaîne des faits est prête à lui échapper, se résout à la laisser flotter dans le vide. Sans doute nous ne pouvons échapper tôt ou tard à un terme d'arrêt, mais il faut du moins reculer ce terme le plus possible, et mettre tout à fait à la fin ce que nos philosophes ont si souvent mis au commencement. Voyons donc, si, avec les données déjà acquises sur l'origine de la personnalité, nous ne pouvons pas en assigner une aux idées dont il s'agit, sans les faire ressortir ni de la sensation ni de la nature de l'âme. Reprenons :

« Avant le *moi* ou sans lui, il n'y a point de connaissance actuelle, ni possible. Tout doit donc dériver de cette source première ou venir s'y rallier. S'il suffit de regarder en nous-mêmes, pour avoir l'idée de l'être, de la substance, de la cause, de l'un, du même, chacune de ces idées prend donc son origine immédiate dans le sentiment du *moi*. Généralisée dans l'expression, et présentée sous plusieurs faces dans les formes variées du langage, elle peut toujours être ramenée au type individuel et constant qu'elle conserve dans le sens intime. En montrant que toutes les idées réfléchies, et prétendues innées, ne sont que le fait primitif de conscience, analysé et exprimé dans ses divers caractères, nous aurons fait voir aussi que ces idées ont une origine, puisque le *moi* ou la personnalité individuelle en a une...

« L'idée de force ne peut être prise en effet originellement que dans la conscience du sujet qui fait l'effort, et lors même qu'elle est tout à fait abstraite du fait de conscience, transportée au dehors et tout à fait déplacée de sa base naturelle, elle conserve toujours l'empreinte de son origine. Nous ne pouvons concevoir aucune force d'impulsion, de choc ou de traction dans les corps, sans leur attribuer ou sans hypothétiser en eux jusqu'à un certain point cette force individuelle constitutive de notre moi...

« Le principe de causalité, a dit un philosophe très judicieux, est le *père de la métaphysique*. Il s'agit de savoir si c'est un principe réel, ou simplement une *forme*, une catégorie ou manière dont l'âme voit les choses, sans conséquence pour leur réalité.

« Tout dépend bien de là en effet, mais le seul moyen de reconnaître le caractère réel de ce principe de toute métaphysique, c'est de constater son identité avec le sentiment du *moi*, ou avec le fait primitif de la conscience. Partir de l'absolu, ou de l'idée abstraite de causalité pour l'ériger *ex abrupto* en catégorie, ou la considérer comme une forme propre et naturelle à l'esprit humain, comme un simple principe régulateur de nos connaissances, c'est mettre une sorte d'entité logique à la place d'un fait ; c'est se placer de prime abord hors du champ de toute réalité pratique, désormais inaccessible ; c'est trancher le nœud de la question sur le principe de la science. D'un autre côté, n'avoir égard qu'à la simple loi de succession des phénomènes, et limiter là arbitrairement toute idée de cause, c'est dénaturer la valeur que le principe conserve toujours malgré nous-mêmes au fond du sens intime. Rien n'est plus facile en effet que de démontrer la différence ou même l'opposition absolue qui existe entre l'idée d'une succession et celle d'une cause ou d'une cause productive efficace...

« N'y a-t-il pas là quelque chose de mystérieux? Et l'inutilité même de tous les efforts des physiciens ou des philosophes pour substituer le rapport de succession à celui de causalité ne contribue-t-elle pas à accréditer le mystère, en favorisant l'opinion de ceux qui établissent ce dernier principe *a priori* comme une idée innée, une forme ou une loi inhérente à la pensée et indépendante de l'expérience? Tout le mystère des notions *a priori* disparaît devant le flambeau de l'expérience intérieure, qui nous apprend que l'idée de cause a son type primitif et unique dans le sentiment du *moi*, identifié avec celui de l'effort, type très clair dans sa source, mais qui s'éclipse devant les images, se dénature en se combinant avec elles (1). »

(1) *Essai sur les fond. de la psychol.*, OEuv. inéd., t. I, p. 247-248, 256-258.

CHAPITRE V

DISTINCTION DU MOI ET DE L'AME

C'est bien là, comme on l'a marqué dans l'Introduction, un des points les plus difficiles de la philosophie de Maine de Biran, celui qu'il parvient le plus malaisément à faire entendre de ses amis de la Société philosophique. Le moi et l'âme ne sont nullement pour lui deux réalités distinctes; le moi n'est pas autre chose que l'âme en tant qu'elle s'aperçoit dans son action; mais cette action ne dure pas constamment; et cependant je crois, dit-il, à une réalité permanente, la substance de l'âme, bien que je ne perçoive pas sa permanence. En d'autres termes, Descartes, saisissant en lui le fait de la pensée, affirme immédiatement qu'il est une substance et une substance pensante. D'après Maine de Biran, il y a aperception immédiate interne du *moi*, et seulement croyance à l'âme substance.

« J'ai besoin de m'arrêter encore sur ce procédé de l'esprit qui peut le conduire des faits aux *notions*, et d'abord du fait primitif ou du *moi* à la notion de l'âme substance, soit immédiatement, soit par un intermédiaire qu'il s'agit de déterminer. C'est ainsi que nous pourrons faciliter du moins l'abord du premier problème de la philosophie, s'il ne nous est pas donné de le résoudre complètement.

« Le *moi* qui se connaît comme cause peut n'avoir encore aucune notion de l'âme; mais son identité reconnue par la mémoire dans deux temps différents, dans l'intervalle, par exemple, qui sépare le commencement et la fin du sommeil du *moi*, doit amener la croyance nécessaire d'un être ou d'une substance qui dure absolument, lorsque le *moi* cesse d'exister dans un temps relatif. L'autorité seule d'une telle croyance suffit pour établir la réalité absolue de l'être avec qui le *moi* s'identifie d'une part, et en tant qu'il se sent exister présentement, mais dont il se distingue d'une autre part, en attribuant à cet être une durée absolue permanente, qu'il sait par expérience ne pas lui convenir. Vainement on dirait d'après le principe de la croyance que le *moi* ne peut être sans l'âme; nous dirons d'après le fait de conscience, qu'il peut exister et le savoir, sans croire d'abord qu'il est lié avec une substance et qu'il ne peut s'élever à cette croyance ou notion d'âme, qu'en prenant pour type ce qu'il est lui-même dans sa propre aperception. Ainsi il concevra la cause, parce qu'il est lui-même une cause ou force agissante relative à un effet produit déterminé, tel qu'un mouvement produit dans des organes soumis à la volonté ; en faisant abstraction de cet effet déterminé, il concevra une force *absolue* qui n'agit pas, mais qui a en elle la possibilité d'agir. Ce qui différencie cette corrélation vraiment abstraite de ce qu'on appelle abstraction ou idée générale en terme de logique, c'est la réalité absolue de la substance qui reste toujours attachée à la notion de la force ou substance de l'âme, alors que la conscience du *moi* en est séparée.

« Ce sont de telles abstractions *réalisées* sans que nous puissions faire autrement, qui étant en elles-mêmes objets de croyances nécessaires, universelles, constituent ce que nous appelons *notions*. Toute notion peut être ainsi considérée comme abstraite du fait primitif de la *conscience de moi*, c'est ce qui reste quand on sépare de ce qui est connu par le *moi* comme lui appartenant en propre, ce qui est connu ou cru appartenir à l'âme telle qu'elle est hors du sentiment du *moi* ou de la pensée (1). »

(1) *Rapp. des sciences natur. avec la psych.*, p. 216-217

« Je conçois le *moi* comme le sujet apercevant, ou qui aperçoit actuellement ; mais le *moi* n'existe pas toujours, ou n'est pas toujours apercevant : la notion de l'âme est celle d'un être qui reste le même alors qu'il ne s'aperçoit pas ; et dans l'intervalle de deux aperceptions, ce qui reste sans s'en apercevoir est l'âme substance. Dans la croyance à quelque chose ou quelque substance qui reste la même dans l'intervalle de deux temps différents, il n'y a pas de souvenir intelligible ; la croyance ou la notion de substance entre donc nécessairement dans le souvenir. Je conçois donc l'âme non comme un être doué de la faculté d'apercevoir, qui a en lui ou dans sa nature l'aperception virtuelle, ou l'aperceptibilité. Ceci s'applique à tout ce que nous appelons *force*. La force n'est conçue que dans l'action présente, mais nous concevons qu'il y a quelque chose qui reste indépendamment de l'action, et qui a en soi la faculté, la possibilité d'agir ; et c'est là ce que nous appelons substance. La notion de substance est donc dérivée de l'idée et du sentiment de la *force*.

« On trouve tout simplement, dans le fait de conscience, et sans avoir besoin d'aucun intermédiaire, l'origine des *notions*, lorsqu'on part de ce principe de fait que le moi n'est autre que l'âme, s'apercevant elle-même et dans le fond de son être lorsqu'elle agit ou déploie son action sur les corps. Elle est réduite à l'état de puissance *nue*, ou de force simplement virtuelle, d'*entéléchie*, quand elle est empêchée d'une manière quelconque d'exercer son action sur le corps, comme il arrive dans le sommeil, etc., etc. (1). »

(1) *Sur un écrit de Royer-Collard,* Œuv. philosoph. édit. Cousin, t. II, p. 363-364.

CHAPITRE VI

DIFFÉRENCE ENTRE LE DÉSIR ET LE VOULOIR

En vertu même de sa doctrine, et par l'exceptionnelle importance qu'il accorde au sentiment de l'effort volontaire, Biran est amené fréquemment dans ses travaux à bien établir la différence entre le désir et le vouloir. Condillac faisait dériver de la sensation tous les faits psychologiques; de la sensation, considérée sous son aspect représentatif, découlerait la pensée; et de l'aspect affectif sortiraient tous les phénomènes de l'activité : désir et volonté. Biran s'attache surtout à la discussion de ce second point qui est en opposition plus directe avec sa théorie sur l'origine de la personnalité, et le fait primitif.

« Pour faire ressortir plus complètement le caractère du vouloir à titre de fait primitif, il s'agit maintenant d'établir les titres essentiels de distinction qui séparent le désir du vouloir; car, comme le dit si bien Locke, sans paraître lui-même se douter de ce qu'il y a de profondément vrai dans ses paroles, le vouloir de l'homme s'arrête aux choses dont il dispose, c'est-à-dire aux choses qu'il sait ou qu'il sent immédiatement être en son pouvoir, et ne va pas plus loin. Le désir s'étend aux choses qui sont hors du moi et indépendantes de lui, c'est-à-dire du vouloir et de l'effort qui le constitue. Entrons plus avant dans l'analyse de ce sujet.

« Le vouloir est un acte simple, pur et instantané de l'âme, en qui ou par qui cette force intelligente et active se manifeste au dehors et à elle-même intérieurement, aussi l'effort est-il le mode permanent de l'âme (moi) tant que la veille dure ; cet effort cessant, l'âme cesse de se manifester, et la personne ou le moi s'enveloppe dans le sommeil.....

« Si le vouloir est l'attribut essentiel d'un être simple, le désir, comme toute passion, ne peut être que l'attribut d'un être mixte, ou composé de deux natures qui se limitent en s'opposant l'une à l'autre. Les affections qui prédominent toujours dans le désir sont attachées au jeu de certains organes sensitifs qui, loin de servir l'intelligence, ne font guère qu'obscurcir sa lumière et absorber son activité.

« Dans le vouloir, ou dans l'action directe

exercée sur les parties du corps qui lui sont soumises, l'âme s'approprie véritablement ces parties par l'action immédiate, instantanée, qui la manifeste intérieurement à elle-même. Dans le désir, ou sous l'influence sympathique exercée par l'imagination sur les organes sensitifs et involontaires, ce sont plutôt les organes sensitifs qui s'approprient l'âme, l'attirent à eux et peuvent absorber dans leurs impressions toutes les facultés de sa nature...

« Continuons à bien marquer cette différence qui vient d'être établie entre le désir, ou toute tendance passionnée de l'âme vers des objets quelconques hors d'elle ou de son pouvoir, et la volonté, ou le mode essentiellement et purement actif de l'âme, en qui ou par qui seul l'âme se manifeste à elle-même. Tandis que le plus haut degré de clarté de cette manifestation du *moi* est précisément le plus haut point d'énergie du vouloir ou de l'effort luttant contre une résistance ; au contraire, l'enveloppement et l'absorption la plus complète de la personne ou du *moi* correspond au plus haut point d'exaltation du désir, ou de la tendance de l'âme à s'identifier avec un objet idéal, ou imaginaire et sensible, qui n'est pas elle. Comment donc serait-il possible que la personnalité prît sa source ou son caractère individuel de conscience dans le même mode de l'âme où elle s'absorbe et s'évanouit à tel degré (1) ? »

(1) *Nouveaux Essais d'Anthropologie*, œuvres inédites. édit. Naville, III, t. p. 475-507.

CHAPITRE VII

LA VIE ANIMALE ET LA VIE HUMAINE.

La conclusion qui découle naturellement de toutes les observations faites sur lui-même par Maine de Biran est la distinction de deux ordres de faits irréductibles l'un à l'autre, et l'affirmation de deux natures dans l'être humain. *Duplex in humanitate*: telle est la formule qui revient souvent sous sa plume, comme une synthèse de sa philosophie. Aussi, à la fin de sa vie, désigne-t-il ainsi l'ouvrage qu'il médite : *Essais d'Anthropologie*. Il y veut étudier l'homme tout entier, et signale avec beaucoup de netteté que le titre de *psychologie* ne répondrait pas mieux à son projet que celui de *physiologie*. Les deux natures qu'il distingue en nous, il ne se contente pas de les poser l'une en face de l'autre ; sa constante préoccupation est d'étudier les rapports qui les unissent. On peut dire que cette pensée constitue le lien qui rattache sa morale à sa psychologie, et explique leur lente transformation.

« L'homme réunit en lui deux natures et participe à deux sortes de lois. Comme être physique organisé, comme animal sentant, il vit sans connaître sa vie :

Vivit et est nescius ipse suæ.

« Cette existence purement sensitive, ces appétits entraînants, ces penchants aveugles antérieurs à toute expérience, enfin tout cet ensemble de déterminations et de mouvements automatiques qui se manifestent à l'origine de l'existence et antérieurement même à la naissance de l'individu, peuvent être compris sous le nom d'instinct ou de principe sensitif ; titre vague sans doute, comme exprimant la force qui agite l'organisme au dedans, force aveugle qui s'ignore elle-même dans son exercice le plus énergique, et ne se manifeste intérieurement à l'être pensant que par ses oppositions ou son contraste perpétuel avec une autre force qui est lui-même ou qui constitue son égoïté, sa personnalité identique, sa libre activité. C'est en effet au titre d'agent libre et proprement moteur et non pas mobile seulement que l'homme se trouve originairement doué de la deuxième vie de conscience ou de relation qui le constitue *moi, personne*, ayant une existence propre, distincte ou séparée de celle de tout autre sujet, de tout ce qui peut être senti ou représenté comme objet. Avec cette deuxième vie naît la lumière de la conscience qui vient luire dans les ténèbres de l'organisme. Dès lors, commence à exister l'homme sous son vrai titre, et cette existence en lui n'est pas seulement la vie animale; non seulement il a des sensations ou il sent, mais il sait qu'il sent; non seulement il reçoit des impressions de ce qui l'entoure et en est affecté, mais il agit sur les objets de ces impressions, il se met en rapport avec eux, les recherche, les appelle ou les éloigne, et devient ainsi, en quelque sorte, le moteur et l'artisan des modes de son existence propre, de ceux à l'égard desquels il se constitue *moi*, de toutes les perceptions qui reçoivent l'empreinte de son activité.

« En quoi consiste cette vie de l'homme, et qui est-ce qui la distingue précisément d'une vie animale ? Quel est ce sentiment du *moi* qui est distinct de toutes les sensations reçues du dehors?.. qui reste le même quand elles passent?... Ces questions ne tendent à rien moins qu'à établir ou à constater le fondement de la psychologie, et, par elle, de toute la science humaine (1). »

Si incomplets qu'ils soient, ces fragments suffisent pour nous permettre de comprendre plus aisément ce qui nous intéresse surtout ici, dans la philosophie de Biran : ses conceptions morales, et son évolution religieuse.

(1) *Ibid.*, p. 332-334.

DEUXIEME PARTIE

Le Moraliste

L'on sait quelle étroite corrélation existe, d'ordinaire, entre les théories psychologiques d'un philosophe et ses doctrines morales. C'est un besoin essentiel de la pensée que de se développer dans une continuité logique, en s'accordant avec elle-même ; et pour qui s'efforce de relier en un système, c'est-à-dire en un tout cohérent, les explications qu'il s'est données à lui-même, la connaissance de ce qu'il est lui fournit aussi la règle de ce qu'il doit être. L'histoire montre d'ailleurs sur le vif cette corrélation : épicuriens, stoïciens, spiritualistes peuvent bien avoir accepté tour à tour le même principe. *Il faut suivre la nature;* si les interprétations données diffèrent jusqu'à s'opposer, c'est qu'il y avait un désaccord profond sur la manière d'entendre cette nature de l'homme : quand les uns ne voient en lui que l'être sensible, et les autres que l'être raisonnable, comment auraient-ils la même conception des fins de la vie humaine?

Il faut donc s'attendre à constater dans un esprit aussi réfléchi que celui de Maine de Biran cette harmonie des idées psychologiques et des convictions morales. Il a trop éprouvé le besoin de mettre de l'ordre dans sa vie pour n'en pas mettre dans ses idées ; il est une âme trop loyale pour accepter un compromis entre la théorie et la pratique. Aussi l'évolution de ses conceptions morales est-elle le parallèle ou plutôt le naturel complément des lentes transformations de sa psychologie. — A l'époque où il accepte les théories sensualistes de Condillac, le bonheur dont il rêve dans sa paisible demeure de Grateloup est le bonheur de la sensibilité, obtenu par le calme des sens, et la joie ressentie à vivre. — Puis, à mesure qu'il se rend compte par son expérience de chaque jour, que ces doctrines méconnaissent notre vraie nature, et que cet état heureux et permanent de la sensibilité n'était vraiment qu'un rêve dont il faut se déprendre, il en vient à une doctrine plus austère, et avec le stoïcisme il croit trouver dans le mépris de cette sensibilité changeante le dernier mot de la science du bonheur. — Enfin, et c'est dans sa vie une troisième phase, une observation plus attentive lui révèle les limites de notre activité, et l'impuissance de l'homme à se donner, par conviction, un bonheur dont la sérénité serait au-dessus de l'atteinte des sens, il soupçonne que l'impassibilité du stoïcien n'est guère autre chose qu'une attitude philosophique, et non une doctrine de vie. Aussi se trouve-t-il poussé lentement vers le christianisme, par défaut d'autres doctrines morales qui puissent le consoler dans les tristesses montantes de son existence, et il ressemble un peu à une épave que le reflux des eaux amène doucement vers la grève où elle se reposera.

C'est indiquer et reproduire en partie les étapes de ce mouvement que l'on voudrait tenter ici comme préparation nécessaire au véritable sujet de cette étude, en disposant, dans l'ordre chronologique, quelques-unes des pages, trop peu nombreuses, qui traitent de ce sujet.

CHAPITRE I

PÉRIODE SENSUALISTE

Les fragments qui suivent sont de 1794; ils sont tirés des pages publiées par M. Ernest Naville, en tête du *Journal Intime*. Maine de Biran est à Grateloup retiré dans ses terres, et il essaie d'oublier dans le calme et la réflexion les violences de la Révolution française. A l'idéal du bonheur qu'il décrit dans ces pages, on devine en lui le fervent disciple de Condillac. Mais sa nature délicate l'empêche d'aller, en morale aussi bien qu'en psychologie, jusqu'aux conséquences extrêmes du sensualisme; il est arrêté, par une sorte d'instinct, dans une voie moyenne. Le bonheur qu'il désire consiste dans un état heureux de l'organisation physique et dans le contentement de l'âme qui la suit, loin des plaisirs tumultueux et troublants : et il n'y a pas loin de son idéal à la formule antique : *mens sana in corpore sano*; rêve de malade tout à la fois de corps et d'âme qui demande, avant toute autre chose, la santé et le repos de l'esprit.

Le *Journal Intime* débute par la description d'une vive joie éprouvée au cours d'une promenade, à l'heure du coucher du soleil...

« Après m'être livré à cet état qui remplissait mon cœur, lorsque j'ai commencé à revenir à moi le soleil était couché; ses rayons de pourpre ne répandaient plus leur éclat brillant sur la verdure; tout prenait une teinte plus sombre; l'approche de la nuit, le silence des bois invitaient à la réflexion. Mes pensées ont commencé à se porter sur moi-même, sur l'état de calme que j'éprouvais. J'ai pu me dire : je suis heureux, car un instant auparavant, je le sentais sans me le dire. A quoi tient ce contentement, me suis-je demandé? au calme de mes sens. — Ai-je jamais joui d'une satisfaction semblable dans l'agitation des passions? Ce que le monde nomme plaisir, je l'ai goûté dans toute son étendue; quand ai-je éprouvé des moments semblables à celui-ci? Cependant je croyais jouir de la vie. Insensé que j'étais! J'allais à l'opposé du bonheur, je courais après lui et je le laissais derrière moi. Que les hommes sont aveugles ! Ils veulent absolument se rendre heureux par les passions et ce sont elles qui troublent leur vie, en la remplissant d'amertume. Comment l'inutilité de leurs efforts ne les désabuse-t-elle pas ? »

De la constatation de cette impuissance des passions à contenter l'âme humaine, il tire tout un plan de vie, et une règle pratique.

« Convaincu que les passions ne donnent pas le bonheur qu'elles promettent, et mon organisation et ma raison me défendant également de courir après leurs biens factices, je fuis l'agitation, je rentre en moi-même, j'erre dans les bois, je me livre à mes rêveries, et j'attends toujours que quelque heureux moment, semblable à celui que j'ai goûté, vienne jeter des fleurs sur ma monotone existence. Il en vient quelquefois, et je m'y livre avec douceur ; mais je sais bien qu'il n'est pas en mon pouvoir de me donner des ravissements semblables à celui dont je ne perdrai jamais le souvenir. Ce qui dépend de moi, c'est de ne pas me rendre malheureux, en faisant violence à mon organisation, pour me procurer de faux biens que ma raison égarée me faisait trop apprécier. Désabusé heureusement, je me dis que je dois tirer de l'état où je suis le meilleur parti possible, et qu'avec une faible constitution qui ne tend qu'au repos, je ne dois pas me faire le même système de bonheur que ces hommes dont le sang bouillonne avec force, et que leur activité entraîne invinciblement vers les objets extérieurs. Je suis assez raisonnable même pour ne pas envier leur sort ; et quand je vois les peines si inutiles qu'ils se donnent, les tourments dont ils s'accablent volontairement, je me félicite de ma faiblesse qui me garantit de ces illusions dont je serais sans doute l'esclave comme les autres, si j'étais organisé comme eux. C'est tout ce que je puis pour mon bonheur... Je resterai à la place que me fixe la nature et je n'userai pas, pour en sortir, le peu de forces qu'elle me donna pour me rendre aussi heureux que je puis l'être tel qu'elle me fit...

« Si je jouis quelquefois du contentement d'esprit que me laissent l'absence des passions et une conscience pure, je ne chercherai plus à enchaîner ce contentement, j'ai éprouvé trop souvent que ces projets n'étaient que des folies. J'en jouirai quand il viendra, je me tiendrai toujours en état de le goûter, je ne l'éloignerai pas par ma faute, mais puisque mon activité est nulle pour me le donner ou pour le retenir, je ne me consumerai plus en vains efforts, comme je faisais il y a quelque temps, pour me donner des passions, du mouvement et m'arracher à ce calme plat. Persuadé que le bonheur est un état permanent qui n'est pas fait ici-bas pour l'homme, je ne porterai pas mes vues jusqu'à lui. Voyant que tout est sur la terre dans un flux continuel, qui ne permet à rien d'y prendre de forme constante, je ne regimberai pas contre la nécessité ; je me laisserai paisiblement entraîner au cours mobile que suivent les êtres créés, dont l'existence est successive; je changerai avec tout ce qui m'entoure. Mais du moins je sentirai que je change et ma raison qui m'en démontrera la nécessité (puisque pour rester ordonné avec des êtres changeants il faut bien l'être soi-même) ma raison, dis-je, me fera connaître la misère humaine, me sauvera de l'orgueil, me rendra modéré, et si elle ne confirme pas mes espérances pour un sort plus parfait dans l'avenir, elle ne me défendra pas de m'y arrêter avec douceur, et ne m'enlèvera pas cette consolation qui m'aidera à porter patiemment le fardeau de la vie. *Hæc sunt somnia optantis non docentis.* »

Son idéal consiste donc dans la résignation à un bonheur intermittent qu'il goûtera quand il se présentera ; durant ces intervalles, il supportera les souffrances de son organisation physique, si impressionnable, et l'état d'engourdissement de ses facultés intellectuelles qui en est la conséquence. « Il faut, dans ce cas-là écrit-il, se résigner, supporter sa bêtise comme on supporterait un accès de fièvre, et se soumettre toujours à la nécessité. » — Cette corrélation constante qu'il constate en lui entre certains états physiologiques et les affections qu'il éprouve à ces moments lui fait penser que ces dernières « ne sont, ainsi que le bonheur même, que des effets de l'organisation ».

« D'après mon expérience je raisonne ainsi : Les hommes qui embrassent telles opinions, qui se livrent à tels sentiments et qui pensent user de leur liberté pourraient fort bien, comme moi, être toujours dirigés par l'état où ils se trouvent dans le moment; et lorsqu'ils attribuent le bonheur ou le malheur dont ils jouissent aux principes qu'ils ont embrassés ou aux choses extérieures dont ils subissent l'influence, peut-être cette persuasion vient-elle de ce qu'ils ne s'examinent pas et que, faisant peu d'attention aux vicissitudes de leur être, ils vont toujours chercher la cause de ce qu'ils ressentent hors d'eux, tandis qu'elle a sa raison uniquement dans leur disposition intérieure. Un homme, par exemple, qui aura toutes les affections sociales, s'applaudira et croira devoir à sa raison cette disposition heureuse; mais l'économie de ses affections ne dépend-elle pas de l'équilibre de ses humeurs? Pour s'en assurer, que cet homme soit attaqué du marasme ou de la consomption, que deviendront ces sentiments moraux?... Moi-même, qu'ai-je fait de bien lorsque je me trouve dans cet état de calme dont je désire la prolongation? Suis-je meilleur, suis-je plus vertueux qu'un instant auparavant où j'étais dans le tumulte et l'agitation? D'après mon expérience, que je ne prétends point donner pour preuve de la vérité, je serais donc disposé à conclure que l'état de nos corps, ou un certain mécanisme de notre être que nous ne dirigeons pas, détermine la somme de nos états heureux ou malheureux, que nos opinions sont toujours dominées par cet état, et que généralement, toutes les affections que l'on regarde vulgairement comme des causes du bonheur ne sont, ainsi que le bonheur lui-même, que des effets de l'organisation...

« C'est une chose singulière pour un homme réfléchi et qui s'étudie de suivre les diverses modifications par lesquelles il passe. Dans un jour, dans une heure même, ces modifications sont quelquefois si opposées, qu'on douterait si on est bien la même personne. Je conçois qu'à tel état du corps répond toujours tel état de l'âme, et que tout dans notre machine étant dans une fluctuation continuelle, il est impossible que nous restions un quart d'heure dans la même situation absolue d'esprit. Aussi suis-je bien persuadé que ce que l'on appelle coups de la fortune contribue généralement beaucoup moins à notre mal-être, à notre inquiétude, que les dérangements insensibles (parce qu'ils ne sont pas accompagnés de douleurs) qu'éprouve par diverses causes notre frêle machine. Mais peu d'hommes s'étudient assez pour se convaincre de cette vérité. Lorsque le défaut d'équilibre des fluides et des solides les rend chagrins, mélancoliques, ils attribuent ce qu'ils éprouvent à des causes étrangères, et parce que leur imagination montée sur le ton lugubre ne leur retrace que des objets affligeants, ils pensent que la cause de leur chagrin est dans les objets mêmes. Mais qu'il s'opère un heureux changement dans leur état physique, vous verrez tout à coup ces fronts se dérider, ces visages tristes s'épanouir. D'où vient la métamorphose? Rien n'a changé autour d'eux : la cause de leur peine n'était donc pas hors d'eux-mêmes. Quelle que soit la cause de ces altérations produites si subitement dans les individus, il est certain qu'elle existe. Peut-être la physiologie pourrait-elle aider à la connaître... »

Ainsi dès le début de ses études philosophiques, Maine de Biran se montre déjà très préoccupé, par le fait de sa nature, du problème des rapports du physique et du moral, et il le résoud dans un sens qui rappelle d'assez près la solution matérialiste. La question se trouve très nettement posée « Tel état physique étant donné, déterminer l'état moral et vice versa ». De nos jours, la psycho-physiologie a fait voir plus clairement encore l'étroite liaison des faits physiologiques et des faits psychologiques. Mais le philosophe spiritualiste n'est nullement troublé par ces observations ; sachant que le corps et l'âme ne forment qu'un « tout naturel », et en définitive qu'un seul être, il ne s'étonne pas de ces influences réciproques. Aussi bien une étude plus attentive montrera par la suite à Maine de Biran mieux informé, l'existence d'un *duumvirat*, comme il le dira, et il en viendra à exagérer la séparation de ces deux principes constitutifs de notre nature.

Mais à cette âme élevée qui ne veut demander son bonheur qu'à « l'absence des passions et à une conscience pure », la grande ambition manifestée alors de se maintenir dans une situation moyenne ne saura longtemps suffire ; on le pressent à certains élans spontanés vers une conception plus haute et à son regret qu'il n'y ait point d'écoles publiques de sagesse où il puisse apprendre la pratique de la vertu.

« Oh ! que n'avons-nous des écoles publiques

de sagesse comme les Grecs! Que n'y a-t-il des Socrate, des Platon, dans quelque lieu de la terre! j'abandonnerais tout, je renoncerais à tout pour les suivre et me rendre digne d'être leur disciple. Mais autant, dans l'antiquité, on avait de motifs pour s'élever l'âme et devenir homme, autant de nos jours, tout rapetisse, tout avilit notre génération corrompue. Un vrai philosophe, s'il en existait aujourd'hui, ne pourrait vivre qu'au fond des déserts. Quel tourment de voir le bien, de l'aimer et de sentir que tout vous en éloigne, lorsqu'on n'a pas assez de caractère pour embrasser la vertu et s'y tenir, sans aucun encouragement!...

« La tempérance, la fuite de quelque espèce d'excès que ce soit, la tranquillité de l'esprit et la permanence d'une situation de l'âme, telle qu'on se plaise à descendre en soi-même et qu'en s'y mirant pour ainsi dire, on n'y voie que de bons sentiments et jamais des images qui nous fassent rougir: voilà les meilleurs moyens pour éviter ces états d'anéantissement et de trouble qui nous ravalent. Lorsque l'âme est calme et pure, l'esprit ne manque guère de s'en ressentir et il prend un caractère d'exaltation, inconnue à ces hommes qui aiment à se vautrer dans la fange du vice. Aussi suis-je bien persuadé que sans la vertu il n'y a pas de vrai génie ; et si l'on voit quelquefois des esprits élevés avec des âmes viles, c'est qu'ils perdent leur bassesse dans le moment où ils écrivent et que le génie élève l'âme pour quelques instants. »

Journal, 1794.

CHAPITRE II

DU SENSUALISME A LA MORALE STOÏCIENNE

A quelle époque précise Maine de Biran, dans ce lent mouvement de sa pensée, est-il parvenu à la conception d'un autre idéal moral? Les documents que nous possédons ne nous permettent pas de répondre. Les travaux qu'il publia pendant de longues années ou qui furent l'objet des divers *Mémoires* couronnés se rapportent à des recherches exclusivement psychologiques; d'autre part, le *Journal intime* est interrompu de 1793 à 1814, exceptions faites pour quelques pages écrites en 1811. Le premier document dans lequel la question morale se trouve posée et discutée a été publié par Cousin sous ce titre : *Critique d'une opinion de Cabanis sur le bonheur*. A une réflexion mélancolique de l'auteur sur son état toujours maladif, on peut conjecturer que ces pages étaient des notes d'un caractère intime, analogue au *Journal*. Il semble qu'il faille les placer entre 1812 et 1815, et peut-être un peu après 1815, une nouvelle édition de l'ouvrage de Cabanis venant de paraître à cette époque.

On sait que l'ouvrage principal de Cabanis porte ce titre: *Traité du physique et du moral de l'homme* (1802, 2 vol. in-8); l'on sait aussi quelle étroite dépendance, qui va jusqu'à l'identification, cet auteur établit entre ces deux parties de notre nature. Après avoir assimilé le rôle du cerveau vis-à-vis de la pensée à celui de l'estomac et des intestins vis-à-vis de la digestion, il s'attache à montrer, dans une série de chapitres, l'influence prédominante des âges, des sexes, des tempéraments, des climats, sur les idées et les affections morales. Il se montre ainsi le véritable créateur de la psychologie physiologique; et comme cette dernière, en donnant sa théorie pour une théorie positive, seulement occupée d'interpréter des expériences, en fait, il expose une doctrine matérialiste. Depuis plusieurs années déjà, Maine de Biran a rejeté la psychologie sensualiste; de plus, sa vie « qui se décolore peu à peu », sa sensibilité qui s'affaisse, le sentiment de son énergie vitale qui disparaît par degrés, ne lui permettent plus de placer le bonheur dans des états physiques. Et cependant ses aspirations vers une vie heureuse se sont avivées de toutes les amertumes de son existence maladive. Il est donc amené, par sa psychologie et par son expérience, à opposer le moral au physique.

« Le bonheur, dit Cabanis, consiste dans le libre exercice des facultés, dans le sentiment de la force et de l'aisance avec lesquelles on les met en action.

« A cette condition, il n'est guère d'hommes moins heureux que moi. L'exercice des facultés que j'ai le plus cultivées et auxquelles je tiens le plus est toujours en moi plus ou moins pénible, et je n'ai presque jamais le sentiment de force et d'aisance dans leur exercice. — Mais est-ce bien là tout le bonheur de l'homme raisonnable et sage? — D'abord il faut distinguer un état de bonheur absolu, où l'on peut dire que l'homme est d'autant plus heureux qu'il a l'exercice libre de facultés plus nombreuses, plus relevées. Mais comme l'absence de ces facultés n'empêche pas le bien-être d'un homme qui ne les connaît pas ou qui ne pourrait les exercer, on peut dire, et l'expérience le prouve, qu'il peut y avoir un bonheur relatif assez grand pour un être qui n'a aucune de ces facultés dont on dit que le libre exercice constitue le bonheur; et le plus simple sentiment de l'existence rend peut-être plus heureux, en ce sens, l'être passif qui en jouit, que celui à qui la nature et l'habitude font un besoin de l'exercice des plus nobles facultés.

« C'est un besoin général pour la machine vivante de sentir et d'agir » : c'est un besoin pour l'âme d'aimer et d'espérer, d'attendre son bonheur de ce qui est plus haut qu'elle et qui ne tient à rien de sensible. Il est tout à fait faux de dire que le bonheur moral soit un résultat particulier du bien-être physique, ou ne soit que ce même être considéré sous un autre point de vue, etc.

« On peut être très heureux par l'espérance et l'amour dans un état de mal-être physique et lorsque la machine vivante se trouve le moins bien disposée pour sentir et pour agir.

« En prenant pour vrai tout ce qu'ont écrit Cabanis et les physiologistes de la même école, sur les déterminations de la sensibilité ou l'instinct animal, sur la correspondance des âges, des sexes, des tempéraments et des climats, etc., avec les affections et les idées ou images, les physiologistes n'auraient jamais décrit qu'une partie de l'homme (l'animal) en traitant ce sujet double comme s'il était simple, *simplex in animalitate*. »

Certes, Maine de Biran ne fait aucune difficulté de reconnaître que « nos affections et nos idées prennent à chaque âge, à chaque saison, chaque jour même, à chaque heure, une teinte ou une direction correspondante à certaines variations organiques tout à fait spontanées »; il a reconnu et signalé lui-même ce fait depuis longtemps et d'une façon très expressive, en parlant de cette sorte de *réfraction morale* qui fait que la nature nous apparaît diversement, selon nos états intérieurs; mais il se refuse à voir dans la description de ces influences organiques l'étude de l'homme tout entier;

« Nous savons en effet tout aussi bien par l'expérience ou le sentiment intime qu'il y a en nous un autre principe de vie ou d'action que les affections, les passions et les goûts sensibles, et que ce qui se fait ou se passe en vertu de ce principe supérieur n'est pas sujet aux anomalies ou aux vicissitudes de l'organisme; aussi nous pouvons persévérer dans le bien moral, alors que toutes nos dispositions sensibles y répugnent et que nous sommes entraînés en sens inverse ; nous faisons encore le bien par devoir, pour obéir à la loi, sans l'aimer, sans être heureux par lui, peut-être même en le haïssant. Nous poursuivons de même un travail intellectuel, quand nos facultés seraient disposées d'une manière contraire. Quelquefois l'aliment intellectuel est repoussé par l'esprit, comme la nourriture physique par tel estomac mal disposé, et pourtant alors la nutrition se fait nonobstant le dégoût ou l'inappétence ; nous nous contraignons non pas à agir, à penser, à travailler avec plaisir, mais à vouloir et à faire avec effort ce que la raison, l'esprit de vérité a une fois trouvé bon et obligatoire, etc.

« Les tendances de l'âme ne sont pas celles de

l'instinct; et par delà les faits physiologiques, analysés et décrits avec une grande sagacité par des observateurs de l'homme physique, tels que Cabanis, il y a un autre ordre de faits que les psychologistes devraient s'attacher aussi à démêler avec la même exactitude, au lieu de nier les résultats vrais des observations de pure psychologie, et de confondre à leur tour les faits ou attributs du moi humain avec ce qui n'est pas eux.

« La distinction des deux sortes d'éléments de la science de l'homme aurait, entre autres avantages, celui tout à fait nouveau de faire cesser enfin les disputes entre gens qui se croient opposés dans leur point de vue sur le même sujet, tandis qu'ils ne font que différer dans leur objet d'étude.

« Les deux principes d'action dont nous parlons, divers dans la spéculation, s'opposent entre eux seulement dans la pratique de la vie de l'homme *double*. Ainsi, quoiqu'il soit physiologiquement vrai que le bien-être de l'individu tient au sentiment immédiat de l'énergie vitale, luttant avec succès contre toutes les résistances internes et externes, il n'en est pas moins psychologiquement vrai qu'il y a un sentiment de bonheur, de paix, de calme intérieur qui, loin de se proportionner à l'énergie vitale et au bon état des fonctions, est au contraire opposé à cette plénitude de vie animale, et ne se lie qu'à un certain état de subordination ou de faiblesse relative de cette vie...

« Enfin, au point où la vie physique s'arrête et cesse d'être entière, où tous les organes cessent de sentir et d'agir fortement, commence une autre vie, un autre bien-être, un autre bonheur proprement moral, qui n'est nullement, comme dit Cabanis, un résultat particulier du bien-être physique, ce même bien-être considéré à un autre point de vue, puisqu'il peut se trouver joint au mal-être physique le plus prononcé, et exclu par le bien-être de l'organisme le plus sain et le mieux disposé.

« Cabanis ne peut être blâmé que sous le rapport de l'extension qu'il donne à ses observations ou explorations physiologiques, en voulant qu'elles embrassent aussi le moral (1). »

Ce fait bien constaté de la dualité de notre nature suffit à Maine de Biran pour lui faire rejeter catégoriquement toute doctrine utilitaire qui veut qu'avant d'agir l'homme fasse le compte de la somme des plaisirs ou des peines probables des actes qu'il accomplirait; il estime que cette arithmétique est impossible, ni les joies, ni les peines n'étant toutes de même nature, et

---

(1) *Critique d'une opinion de Cabanis sur le bonheur*, œuvres philosophiques, édit. Cousin, t. III.

ne pouvant ainsi s'additionner. C'est par avance une réfutation des théories de Bentham.

« Les philosophes qui ont écrit sur le bonheur et sur le parti qu'on peut tirer des adversités de la vie, comme Cardan, Maupertuis, ne saisissent guère que certains points de vue abstraits et se livrent à un certain ordre de considérations tirées du raisonnement ou de la réflexion, sans consulter le sens intime et immédiat de la vie...

« Comme je suis toujours et dans tous les états assez près de mes affections intimes pour pouvoir les juger et apprécier leur influence, j'ai souvent observé en moi-même que, lorsque j'étais le plus tourmenté par des chagrins de position, il y avait au fond de mon être un sentiment intime de la vie qui était heureux par lui-même, alors que j'étais le plus vexé et désespéré par les circonstances. Il doit être infiniment rare que nos deux natures soient d'accord pour le tourment comme pour le bonheur de notre vie, et c'est là que gît l'erreur de tous ceux qui prétendent faire le calcul des biens et des maux, en négligeant ce qui fait l'élément essentiel et comme la base de ces biens ou de ces maux. De là encore tant de mécomptes dans l'appréciation du bonheur ou du malheur d'autrui. J'ai vu souvent qu'on me plaignait de certaines fatigues ou embarras dont j'aurais été plus malheureux d'être exempt, précisément parce qu'ils animaient en moi le sentiment de la vie. On m'a aussi porté envie pour de prétendus avantages qui étaient la source de ma misère, parce qu'ils contrariaient mon instinct ou ma tendance naturelle (1). »

Cette même théorie lui donne une explication de la misère de l'homme. Celle-ci naît de l'opposition habituelle des tendances de nos deux natures, et nullement, dit-il, comme le prétend Pascal, de la conscience qu'a l'individu d'être un être dégénéré, « du malheur naturel de notre condition faible, mortelle et misérable », qui nous oblige à chercher dans le divertissement l'oubli momentané de nous-même. Et il est vrai qu'il n'y a pas entre ces deux théories la radicale opposition que Biran croit y trouver; l'homme est malheureux parce que, désireux d'une félicité totale, qui remplisse toutes ses facultés et les remplisse entièrement, il constate l'insuffisance des biens humains. Il faut donc pour le vrai bonheur non seulement l'entière satisfaction des aspirations de l'être rationnel, mais aussi l'harmonie de la sensibilité et de la raison ; en d'autres termes, le vrai bonheur doit être le bonheur de tout l'homme et le bonheur complet de chacune de ses facultés.

« Pascal aurait eu raison de dire que l'homme

---

(1) *Journal intime*, 12 avril 1815.

tel qu'il est, c'est-à-dire composé de deux natures, ne pouvait être heureux pleinement par cette vue intérieure, et il aurait trouvé la raison de ce fait en cela seul, que, pour être heureux, l'homme doit avoir la jouissance pleine et entière des facultés diverses qui appartiennent à ses deux natures ou le constituent. Comme être sentant ou animal, il lui faut des sensations et du mouvement; comme être intellectuel et moral, il lui faut des idées, un certain exercice de la réflexion. S'il cultive trop, ou exclusivement, l'une ou l'autre partie de lui-même, il souffre dans le fond de son être, il a le sentiment pénible d'un besoin non satisfait. Ce n'est pas la pensée réfléchie de sa misère, ce n'est pas en comparant ou en mesurant le vide des liens réels et insolites qu'il est incapable de remplir, que l'homme souffre ou est malheureux, mais c'est par le sentiment pénible, immédiat et instinctif qui accompagne toujours la gêne de nos facultés, de quelque nature qu'elles soient, ou les obstacles mis à leur développement. Pascal se place trop en dehors de la nature humaine, et donne une raison chimérique de la misère sentie par l'homme à qui tous les mobiles d'activité extérieure viendraient à manquer. Il veut que ce sentiment de misère naisse de la réflexion que fait sur lui-même un être dégénéré; tandis qu'il vient simplement de ce que cet être mixte n'est pas purement intellectuel, et qu'il a des besoins physiques qui demandent impérieusement à être satisfaits (1). »

Cependant Maine de Biran n'a pas encore élaboré de doctrine morale, et il s'est lui-même aperçu qu'il y a de ce fait dans ses idées une très grave lacune. « Comment dériverai-je, écrit-il, des principes de philosophie que j'ai suivis, l'obligation morale, le devoir? » Or on peut dire en toute vérité que c'est pour un système philosophique l'aboutissant nécessaire et naturel que la nécessité d'apporter une solution au problème de la destinée humaine, et de fournir une règle de conduite; et s'il ne va pas jusque là, il semble qu'il est plus qu'incomplet : il a omis ce qu'il y a d'essentiel. La connaissance spéculative, quelque intéressante qu'elle soit, ne saurait suffire; impérieusement la question du sens de la vie se pose. C'est à la résoudre que les grands philosophes ont travaillé, depuis Socrate, dont le « connais-toi toi-même » s'entend de la connaissance morale de notre nature, jusqu'à Kant qui résume ainsi les questions philosophiques : Que puis-je savoir? Que dois-je espérer? Or cette étude de lui-même qui a été jusqu'ici l'objet exclusif de ses recherches a amené Biran à cette constatation qu'un sentiment fixe était nécessaire pour lui servir

(1) *Ibid.*, 12 avril 1815.

« d'ancre » dans les fluctuations de son existence. Pour établir « dans son être moral cette suite qui fait que la vie est une et bien liée dans toutes ses parties », il comprend que le besoin d'être content de lui et le jugement de sa conscience ne suffisent pas. C'est alors que le cours de ses méditations l'incline vers le stoïcisme qui lui semble pouvoir lui offrir ce point d'appui immobile en même temps qu'une méthode rationnelle de bonheur.

Pour quelles raisons secrètes la pensée de Maine de Biran, à la recherche de la vérité morale, s'est-elle momentanément arrêtée sur les doctrines du Portique, on s'est efforcé de l'expliquer dans l'Introduction, et peut-être le lecteur se souvient-il qu'il y avait pour légitimer cette apparente affinité des motifs psychologiques et pratiques aussi bien que des considérations historiques. Un philosophe de la volonté et de l'effort pouvait retrouver quelque chose de ses théories dans un système où la notion de tension et de force occupe la première place et relie la morale à la psychologie et à la métaphysique. Qui s'efforçait de montrer dans la volonté l'élément fondamental, l'élément essentiel de la nature humaine, devait se trouver rapproché, par là, d'une doctrine qui est l'apothéose de la volonté. — En plus, il y pouvait voir une sorte de recette qui, en lui apprenant à mépriser la sensibilité, supprimait la source de toutes ses douloureuses agitations; en se résignant à ce qui ne dépendait pas de lui et en se refusant à reconnaître du mal réel dans les souffrances organiques, il pouvait lui paraître qu'il détruisait ce mal, en le niant. — N'y avait-il pas aussi dans cet appel à la liberté intérieure une protestation longtemps contenue contre le gouvernement de Napoléon qui avait pesé si lourdement sur les esprits?

C'est entre 1815 et 1818 que les théories stoïciennes, et plus spécialement, celle d'Épictète et de Marc-Aurèle, paraissent séduire notre philosophe : il importe cependant de noter qu'il n'y donna jamais une adhésion absolue. Au fond cette demi-conviction ne constitue qu'une étape — et assez rapide — dans son évolution morale.

« L'art de vivre consisterait à affaiblir sans cesse l'empire ou l'influence des impressions spontanées par lesquelles nous sommes immédiatement heureux ou malheureux, à n'en rien attendre et à placer nos jouissances dans l'exercice des facultés qui dépendent de nous, ou dans les résultats de cet exercice. Il faut que la volonté préside à tout ce que nous sommes : voilà le stoïcisme. Aucun autre système n'est aussi conforme à notre nature.

« Jusqu'à présent, j'ai attendu tout mon bien-être de ces dispositions organiques, parmi lesquelles seules j'ai souvent éprouvé des jouissances ineffables ; maintenant je n'ai plus rien à attendre de ce côté ; la force vitale n'éprouve plus que des résistances ; il faut se tourner d'un autre côté (1)...

« Philosopher, c'est réfléchir, faire usage de la raison, en tout et partout, dans quelque position qu'on se trouve, au milieu des fous comme parmi les sages, dans le tourbillon du monde comme dans la solitude et le silence du cabinet. Lorsqu'on en est à ce point, on est à toute la hauteur où l'homme peut atteindre...

« Par rapport à soi-même, ou dans la vie intérieure, être toujours au-dessus de ses affections, les juger et ne jamais s'en laisser dominer ; par rapport à nos semblables, ou dans la vie extérieure, être toujours au-dessus des influences, de toutes les opinions, les apprécier à leur juste valeur et ne jamais les prendre pour guide de nos actions, ni pour mesure de notre bonheur : voilà ce qu'il faut gagner pour être tranquille et content de soi-même. On ne sait jamais ce qu'on veut, quand on se laisse aller aux affections et aux opinions variables. Bien peu d'hommes savent ce qu'ils veulent : ils désirent des choses contradictoires. J'exigerai souvent de moi-même des qualités qui s'excluent : par exemple, de la modération dans les idées et la vivacité des sen-

---

(1) *Ibid.*, 23 juin 1816.

timents, une santé vigoureuse et la faculté de réfléchir ; il faut opter et bien savoir ce qu'on veut (1).

« Ne chercher la félicité que par des choses qui sont toujours en notre pouvoir. » Il faut voir ce qu'il y a en nous de libre et de volontaire et s'y attacher uniquement. Les biens, la vie, l'estime ou l'opinion des hommes, ne sont en notre pouvoir que jusqu'à un certain point, ce n'est pas de là qu'il faut attendre le bonheur. Mais les bonnes actions, la paix de la conscience, la recherche du vrai, du bon dépendent de nous ; et c'est par là seulement que nous pouvons être heureux autant que les hommes peuvent l'être (2).

« Il faut bien se garder de porter dans la situation actuelle où nous sommes sous les rapports de santé, de fortune, d'habitation, de société, les goûts et les passions d'un état où nous ne sommes plus, et où il ne dépend pas de nous de nous placer ou de nous maintenir. C'est en nous écartant sans cesse de cette règle que l'imagination nous trouble, nous rend mécontents de nous-mêmes et de notre sort, ridicules ou importuns auprès des autres hommes. L'essentiel est de se tenir tranquille dans la position où l'on se

(1) *Ibid.*, 27 juin.
(2) *Ibid.*, 9 juillet.

trouve, de s'y accommoder, d'y approprier ses goûts, ses habitudes, et de ne pas s'agiter pour en sortir à moins qu'elle ne soit insupportable, ce qui arrive rarement par la nature et très souvent par une imagination déréglée. L'ambitieux est par essence mécontent de tout ce qu'il possède. Donnez-vous beaucoup de peine et d'agitation, tourmentez-vous toute votre vie pour laisser à votre famille une plus grande existence, vous aurez sacrifié votre bonheur sans assurer celui des vôtres (1).

« J'apprends avec un grand saisissement de cœur la nouvelle de la mort de mon neveu.

« J'éprouve dans cette occasion que la vie d'un homme d'affaires et de société éloigne toutes les émotions ou impressions fortes et durables, en ce qu'elle distrait l'attention, l'empêche de se fixer sur les objets capables d'exciter ces émotions ; en sorte que la sensibilité paraît nulle ou altérée, lorsqu'elle n'est que distraite, faute d'attention ou d'application aux objets qui pourraient l'exercer ou la développer. C'est là une preuve bien manifeste que les sentiments de l'âme ne sont que des résultats médiats de son activité. Il dépend de nous, non pas de nous modifier immédiatement

---

(1) *Ibid.*, 10 et 11 juillet.

d'une manière agréable ou désagréable, mais de donner notre attention aux idées ou objets capables de nous modifier ainsi. »

On voit que ces paroles n'expriment plus le fier dédain de la philosophie stoïcienne à l'égard de la sensibilité : et l'on pressent que celui qui s'exprime ainsi n'est pas bien éloigné de se détacher entièrement de cette doctrine.

CHAPITRE III

VERS LE CHRISTIANISME

Pourquoi ce demi-assentiment donné par Maine de Biran à la doctrine d'Epictète et de Marc-Aurèle ne pouvait être qu'une adhésion momentanée, il est facile de le deviner. D'abord trop d'opposition existait entre la philosophie stoïcienne qui n'est, suivant Martha, que « l'héroïsme romain réduit en système » (1), et la nature si impressionnable du psychologue périgourdin. Sous quelques formules de piété attendrie et de désintéressement humanitaire que se dissimule l'impassibilité stoïcienne, comment ne pas s'apercevoir bientôt que cette sérénité est surtout faite d'égoïsme ! Le sage ne doit compatir aux souffrances des autres que dans la mesure où cette compassion ne lui causerait pas à lui-même quelque douleur. Le *Manuel de la Vie résignée*, comme dit Renan en parlant des *Pensées d'Epictète*, ne serait-il pas mieux nommé l'art d'être heureux au milieu du malheur des autres ? Aussi est-il facile de comprendre pourquoi les tendances affectives de l'âme de Biran, en le détournant d'une telle conception de la vie, le poussèrent vers une doctrine morale que l'on n'aurait guère soupçonnée lui être sympathique.

D'ailleurs les mêmes raisons psychologiques qui l'avaient un moment incliné vers les théories du Portique contribuent maintenant à l'en détacher. Le jour où il atteint sa cinquantième année, il constate qu'il a perdu tout point d'appui, hors de lui et même en lui, et il souffre doublement, dit-il, « par le dégoût des choses du dehors, et par le mécontentement ou le vide plus profond qu'on retrouve en soi, quand on est forcé d'y rentrer ». Il déclare encore tristement que la joie paraît être devenue un sentiment passager, hétérogène à sa nature. La lente dégradation de son organisme et les souffrances qui en résultent l'obligent à reconnaître que l'impassibilité du stoïcisme est chose chimérique, et qu'il n'est pas possible de conserver toute sa sérénité dans le malheur, sous le prétexte qu'il ne dépend pas de nous de l'éviter. Ce *Manuel de la Vie résignée* ne lui paraîtra plus contenir la théorie du bonheur, et il déclarera nettement que le stoïcisme est contraire à notre nature. Ici encore le moraliste s'accordera avec le psychologue.

« Les philosophes concluent faussement qu'on peut toujours ce qu'on peut quelquefois, qu'on peut de sang-froid et par la seule énergie de la volonté, ce qu'on peut par l'impulsion d'une pas-

(1) MARTHA, *Les moralistes sous l'empire romain*. Paris, 1864.

sion ou d'un sentiment exalté, ce sont, dit très bien Pascal, « des mouvements fiévreux que la santé ne peut imiter ».

« Les stoïciens pensaient que l'homme pouvait opposer à tous les maux de la vie un enthousiasme qui, s'augmentant par notre effort, dans la même proportion que la douleur et les peines, pouvait nous y rendre insensibles. Mais comment peut-il y avoir un enthousiasme durable fondé sur la raison seule? ne faudrait-il pas que cet enthousiasme dépendît de la volonté, qu'il pût être excité par elle et maintenu au même degré? Comment la volonté de l'homme qui est *conscius et compos sui* peut-elle produire le même effet que le délire, qui nous rend insensibles à toutes nos douleurs, en nous ôtant en même temps le libre usage de nos facultés? Suffira-t-il de dire que la douleur physique ou morale n'est pas un mal, pour cesser de la sentir? Cette morale stoïcienne, toute sublime qu'elle est, est contraire à la nature de l'homme, en ce qu'elle prétend faire rentrer sous l'empire de la volonté des affections, des sentiments ou des causes d'excitations qui n'en dépendent en aucune manière, en ce qu'elle anéantit une partie de l'homme même, dont l'homme ne peut se détacher. La raison seule est impuissante pour fournir des motifs à la volonté ou des principes d'action : il faut que ces principes viennent de plus haut (1). »

Revenant quelques jours après à l'examen de la misère de l'homme, telle que la décrit Pascal, et aux causes de notre ennui, il affirme à nouveau que la vraie raison en est dans la dualité de notre nature que le stoïcisme méconnait.

« La cause de l'ennui n'est jamais étrangère, mais toujours propre, inhérente à l'organisation vivante et relative à ses besoins ou à ses habitudes d'excitation. Ce n'est pas parce que l'homme est léger que la moindre bagatelle suffit pour l'amuser, mais parce qu'il est essentiellement composé de deux natures, dont l'une affective ou animale a besoin d'être sans cesse soutenue ou excitée... Lorsque, comme Pascal, on s'afflige de se divertir à des objets frivoles, c'est comme si on s'affligeait d'être homme, d'avoir une nature sentante et de ne pas être un pur esprit. La dualité de notre nature se montre bien en ce que tout en se divertissant, on juge les causes de ces divertissements. Il faut toujours se maintenir dans cet état où l'on puisse juger, c'est-à-dire rester toujours *compos sui*, en donnant relâche à son

---

(1) *Journal intime*, 30 sept. 1817.

esprit; mais loin de vouloir peser au poids de la raison ce qui nous amuse, il faut laisser à la sensibilité sa mesure et sa balance propre. Tout le vice des systèmes de philosophie sur notre nature morale consiste à traiter l'homme comme s'il était tout entier dans sa sensibilité, ou tout entier dans sa raison, tout corps ou tout esprit. Les épicuriens et les stoïciens sont également en défaut sous ce rapport. Il faut faire la séparation exacte des deux ordres de facultés et les mener de front dans la pratique et la théorie (1). »

Ici recommence la période d'indécision : le stoïcisme ne le satisfait plus, et il n'a point encore trouvé de doctrine morale qui le remplace. Sans doute les idées chrétiennes commencent à le conquérir et vont exercer sur lui à partir de cette époque un attrait sans cesse grandissant; mais à l'heure actuelle, elles lui paraissent en contradiction avec ses idées philosophiques les plus chères, sur le moi et l'activité du moi.

« Les stoïciens attribuent à la volonté de l'homme un empire universel et jusqu'au pouvoir de nous rendre heureux ou malheureux. Les chrétiens ôtent presque tout pouvoir à la volonté humaine : toute perfection, toute bonne disposition venant de Dieu, sans la grâce de qui nous

---

(1) *Ibid*, 14 octobre 1817.

sommes livrés à toutes les passions, à tous les vices, n'ayant en nous-mêmes aucun moyen de résister. Les deux systèmes sont outrés. Dieu a certainement donné à l'homme une force propre, par laquelle il se modifie jusqu'à un certain point, et sa libre activité suffit pour résister aux inclinations et aux passions, tant qu'il conserve la conscience de lui-même ou qu'il est une personne. Mais il y a une partie sensitive de l'homme sur laquelle il ne peut rien immédiatement : c'est le fond de son caractère et de son tempérament organique où il prend trop souvent ses principes d'action. Pour contrarier ces principes et faire naître d'autres dispositions, il faut sans doute que l'esprit et le cœur soient dominés par des idées ou des sentiments plus élevés ; je crois que rien ne peut remplacer, dans cet objet, les idées religieuses. Quoi qu'il en soit, il reste toujours à déterminer psychologiquement jusqu'où peut s'étendre l'empire de la volonté, soit sur les sensations d'abord, soit sur les idées, soit enfin sur les sentiments.

« Il est difficile de concilier avec la liberté humaine cette croyance religieuse que l'homme ne peut rien par lui-même, mais seulement par la grâce de Dieu, qu'il ne dépend pas de lui de se procurer. Aussi faut-il convenir que le catholicisme est aussi contraire au développement de notre libre activité que le stoïcisme lui est favorable. Mais, d'un autre côté, le stoïcisme est moins approprié à nos deux natures; il fait abstraction complète de la sensibilité, dont l'exercice n'est pas en notre pouvoir. Nous pouvons bien, par exemple, agir conformément à des idées morales arrêtées dans notre esprit, mais il ne dépend pas de nous de nous donner les sentiments agréables conformes à ces actions. C'est à cause de cela que les stoïciens disaient que le plaisir n'était pas un bien, ni la douleur un mal; que nous ne devons songer qu'à bien agir, sans nous embarrasser des conséquences de nos actions; tandis que les chrétiens, s'occupant du bonheur moral et sensible, même sur terre, disent que la satisfaction à agir, comme la satisfaction qu'on goûte en agissant bien, viennent de la grâce d'en haut (1).

« Je m'aimais autrefois beaucoup trop, je m'applaudissais de tout ce qui était en moi, je n'avais pas besoin du dehors. Aujourd'hui je me hais, je me condamne et me critique sans cesse, j'aurais besoin d'être soutenu par les suffrages des autres et par leur estime, et je n'ai rien de ce qui fait les succès; je suis entouré d'hommes qui n'esti-

(1) *Ibid*, 10 nov.

ment guère et n'aiment ou n'admirent rien. Et tout ma vie est triste et misérable, au fond, sans espoir d'un avenir meilleur dans le monde; il faut penser à l'autre et s'appuyer sur l'être qui ne change pas, qui juge les cœurs et les esprits et voit tout comme il est. Je m'appuyais sur moi-même, je comptais sur mes facultés, j'espérais qu'elles s'étendraient toujours, j'attendais de grands progrès du temps et du travail, et l'expérience m'apprend que je m'appuyais sur un faible roseau, agité par les vents et rompu par la tempête. Nos facultés changent et trompent notre attente : nous sommes tout aussi plus fondés à croire à leur force et à leur durée qu'à leur autorité.

« L'homme se fait plus de mal à lui-même quand il ne cherche pas Dieu que tous ses ennemis ne peuvent lui en faire (1).

« Le plus grand tourment de ma vie actuelle, c'est de ne sentir mon existence soutenue, ni au dehors par une considération, un intérêt marqué de la part des personnes avec qui je vis ; ni au dedans, par la confiance dans mes facultés, ou par un exercice agréable et soutenu d'aucune de ces facultés. Chaque jour j'éprouve, au contraire,

---

(1) *Ibid.*, du 1ᵉʳ au 8 mai 1818.

que cet exercice est plus pénible, et que m'efforçant beaucoup, je ne parviens à atteindre à aucun but qui me satisfasse. Je compose un ouvrage de philosophie sur les idées morales, avec des idées que je lie laborieusement, qui me frappent tantôt comme nouvelles et élevées, tantôt comme triviales, mais je ne sais pas encore si je parviendrai à fermer mon cercle et à terminer une composition qui soit digne de paraître en public, je n'y ai pas de confiance.

« Ne trouvant en moi, ni hors de moi, dans le monde de mes idées ni dans celui des objets, rien qui me satisfasse, rien sur quoi je puisse m'appuyer et qui me procure quelque satisfaction, je suis plus enclin, depuis quelque temps, chercher dans les notions de l'être absolu, infini, immuable, ce point d'appui fixe, qui est devenu le besoin de mon esprit et de mon âme. Les croyances religieuses et morales que la raison ne fait pas, mais qui sont pour elle une base ou des points de départ nécessaires, se présentent comme mon seul refuge, et je ne trouve de science vraie que là précisément où je ne voyais autrefois, avec les philosophes, que des rêveries et des chimères (1). »

---

(1) *Ibid.*, du 26 mai au 6 juin.

Pour suivre cette âme, comme on se l'est proposé, dans la continuité de son développement moral et religieux, il convient de citer ici quelques extraits de cet ouvrage de philosophie morale que l'on vient de voir annoncé par Maine de Biran dans son *Journal*. Malheureusement, il n'en existe que des fragments, l'auteur ayant sans doute abandonné son projet pour des raisons que nous ne connaissons pas. Aussi dans ces pages publiées par M. Ernest Naville, sous ce titre : *Fragments relatifs aux fondements de la morale et de la religion* (1), on découvre deux doctrines fort différentes, juxtaposées plutôt qu'unies. Une nouvelle rédaction et des réflexions ultérieures eussent sans doute éliminé l'une d'elles ; ces deux tendances correspondent exactement aux deux tendances que Biran vient de signaler chez lui : au besoin de se sentir soutenu, au dehors, par la « considération » ; au dedans, par la notion de l'être infini, immuable.

La première préoccupation l'a conduit à développer une théorie morale fondée sur le fait de la sympathie. Tout comme par la conscience l'être est mis en rapport avec lui-même, ainsi existe-t-il un *consensus* entre ses semblables et lui, sorte d'harmonie qui lui fait partager les souffrances et les joies de ceux qui l'entourent. Mais comment trouver dans ce phénomène tout psychologique le rudiment d'une doctrine morale ? C'est, dit Biran, que par un anthropomorphisme naturel, nous

(1) *Œuv. inédit.*, t. III, p. 26-66.

nous projetons dans les autres, et nous les concevons à notre imitation, comme des personnes morales. D'où il suit spontanément que « ce qui était droit dans la conscience de l'individu qui se l'attribue en propre devient devoir dans la conscience de la personne morale qui attribue le même droit à d'autres personnes » ; et cela suffit pour arrêter et subjuguer la force, qui s'arrête, respectueuse, devant cette personnalité morale ainsi devinée.

Tout d'abord, le lecteur est déconcerté, en voyant exposer par Biran cette doctrine de la sympathie, alors que rien ne l'avait fait pressentir. On peut dire cependant, en recherchant les raisons qui peuvent en expliquer la genèse, qu'il l'avait trouvée déjà indiquée dans Rousseau, et chez plusieurs des Idéologues. Mais la principale paraît être dans « l'organisation particulière » de notre philosophe. Et il semble bien que sa nature impressionnable à l'excès lui ait fait connaître spécialement ce tourment des âmes qui voudraient se donner, et dont la timidité comprime les élans. Plus d'une page des *Pensées* trahit le tourment de cette intime souffrance. « Quand je trouve l'occasion d'être dans le monde et que je ne puis m'y soustraire sans inconvenance, le sentiment de ma faiblesse fait que j'éprouve, plus que tout autre, le besoin d'être soutenu, d'inspirer de la bienveillance à chacun, ce qui me met dans la nécessité de faire beaucoup de frais pour être agréable, pour ne choquer personne (1). » Aussi, les heures les plus péni-

(1) 11 août 1816.

blés pour lui ne sont pas celles « où de grands malheurs décidés nous laissent la consolation d'avoir fait ce qu'on devait faire... Mais quand le devoir n'est plus clair, qu'on est condamné par des amis et par des hommes qu'on estime, et qu'en suivant ce qui paraît le meilleur probable on n'ose pas cependant marcher la tête levée parmi les hommes, on souffre alors des maux sans compensation (1) ». C'est ce même sentiment qui lui fera reproduire dans les *Fragments* qui nous occupent cette pensée de Pascal, qui correspond si bien à sa nature : « Nous avons une si grande idée de l'âme de l'homme, que nous ne pouvons souffrir d'en être méprisés, de n'être pas dans l'estime d'une âme, et toute la félicité humaine consiste dans cette estime. » La théorie de la sympathie de Biran découle directement de ce sentiment.

On pourrait signaler d'autres raisons secondaires : d'abord le fait que ce sentiment sur lequel il s'appuie est irréductible aux sensations, et il y voit ainsi une réfutation expérimentale du sensualisme en morale ; mais surtout un accord sensible de sa doctrine sur la conscience psychologique avec ce qu'il pense de la conscience morale ; l'une n'est qu'une extension de l'autre, ou comme il l'exprime, « la conscience même du moi qui se redouble et se voit pour ainsi dire dans un autre comme dans un miroir animé qui lui réfléchit son image ». L'homme projette au dehors l'idée de personna-

---

(1) 6 janv. 1816.

lité morale, où sort la notion d'activité morale, comme il attribue aux autres les idées d'être, de causalité, de liberté perçues en lui. Le mécanisme anthropomorphique lui paraît être exactement le même.

« Veut-on confondre dans une unité systématique le principe des facultés intellectuelles et morales, la sensation étant prise pour l'origine de toutes les idées, le besoin, l'intérêt personnel, pour le principe de toutes les déterminations, de tous les actes de l'individu qui ont indistinctement pour objet les personnes et les choses? Il faudra dire que les sentiments les plus expansifs, les plus désintéressés, les penchants les plus nobles et les plus généreux de notre nature ont le même fondement que la sensualité la plus grossière, l'égoïsme le plus abject : on dira que vivre en soi ou pour soi, c'est la même chose que vivre dans les autres ou pour eux ; qu'il n'y a pas plus de mérite à se sacrifier au bonheur de ses semblables, à tout immoler au devoir, qu'à prendre ses semblables pour les instruments de ses plaisirs et de ses caprices, et à s'arroger le droit de porter atteinte au droit sacré des personnes libres ; on confondra tout cela sans songer que la distinction subsiste nécessairement entre les choses, ou les principes d'actions qui sont et seront éternellement séparés comme deux natures différentes.

« Certainement il y a là deux principes d'actions, ou du moins deux éléments aussi distincts l'un de l'autre dans la conscience morale, que l'est le sujet de l'objet dans la conscience simple d'individualité personnelle, et toutes les vues systématiques ne peuvent pas plus détruire cette distinction du sentiment intime qu'elles ne peuvent ramener à l'unité absolue la dualité relative du fait primitif.

« Mais, à la preuve du sentiment qui s'élève avec force contre l'unité du principe qui déterminerait également les actes intéressés ou sensitifs, et les autres actes désintéressés et moraux, joignons des preuves d'un autre ordre et tirées de plus haut, et faisons l'analyse de la conscience morale, comme nous avons fait celle de la conscience psychologique.

« Le mot conscience (*conscium*) est un terme composé qui doit exprimer un rapport entre deux éléments : *scire cum* (savoir avec). Le sujet peut seul savoir avec lui-même ou en lui-même ; seul il peut sentir ou savoir avec un être semblable à lui, seul enfin il peut avoir une sorte de science extérieure ou supérieure à tout point de vue humain. La sensation passive n'est pas la conscience ; l'être sensitif ne sait pas, ne sent pas lui-même ; l'être actif seul perçoit la sensation, il *sait avec* l'être sensitif, il y a conscience individuelle, personnelle, complète.

« L'homme est en rapport avec son semblable par une sympathie naturelle très bien nommée *consensus*. Ce *consensus* n'est pas encore la conscience; il tient immédiatement à la vie organique animale, et en effet les animaux, surtout ceux d'espèce sociable, sympathisent ou consentent entre eux par une sorte d'instinct expansif. Joignez l'activité du *moi* au *consensus* ou à la sympathie, et vous aurez la conscience dans l'acception que lui donnent les moralistes et ceux surtout qui admettent un sens moral interne, parmi lesquels se range éminemment l'auteur d'*Emile* quand il caractérise énergiquement « cette force « d'une âme expansive qui m'identifie avec mon « semblable, par laquelle je me sens pour ainsi « dire en lui, car c'est pour ne pas souffrir que « je ne veux pas qu'il souffre ».

« L'homme, non seulement consent avec son semblable par un instinct sympathique, mais de plus, en sa qualité d'homme ou d'agent moral, il lui transporte avec son *moi* une activité libre, une propriété personnelle, et par suite, des droits pareils aux siens, en même temps qu'il consent ou sympathise aux affections d'un autre par une sensibilité expansive. Comme par le *consensus* sympathique l'homme sent avec un autre les affections qu'il éprouve ; en vertu du *consensus* de personne, d'activité, il sait avec lui ses propres sensations, et placé pour ainsi dire au centre d'une intelligence, d'une volonté qui sont en même temps à lui et à un autre, il juge de ce point de vue élevé ses sentiments, ses vouloirs les plus intimes, ses opérations les plus secrètes ; il les approuve et les condamne comme un témoin impartial et croit entendre une voix qui retentit au fond de son âme comme celle de l'écho, réfléchit et redit à l'individu ses propres paroles ; l'individu sait avec un autre ce qui se passe en lui, et sait par lui ce qui se passe dans un autre.

« Fondés sur la sympathie primitive, ou contemporaine à l'existence individuelle, les rapports de l'homme avec l'homme ont un caractère particulier qui les distingue bien éminemment de ceux qu'il soutient avec tous les autres agents visibles ou invisibles de la nature extérieure. Il y a en effet une activité, comme une sensibilité, vraiment morale, qui diffèrent également et de la simple activité déployée contre les résistances étrangères et mortes, et de la sensibilité physique excitée par des impressions dont les causes sont connues de l'esprit comme réalisées dans l'espace ou le temps.

« Pour que l'être sensible et intelligent soit de plus agent moral, il faut qu'il transporte pour ainsi dire son *moi* au sein de chaque forme semblables à la sienne, en lui attribuant un *moi*, une volonté, un pouvoir d'agir, des sentiments, des affections et des droits pareils aux siens. Dès lors il ne sent plus seulement en lui, il n'agit plus uniquement en lui et pour lui ou comme s'il était le centre unique du monde sensible, mais il se sent encore dans tous les êtres semblables à lui. En leur attribuant des sensations de plaisir ou de peine, il partage en partie ces affections ou il y consent ; et lorsqu'il agit pour soulager la douleur ou secourir la faiblesse, c'est comme s'il se délivrait lui-même d'un mal qu'il éprouverait.

« Ainsi nait la conscience morale proprement dite, qui n'est autre que la conscience même du moi qui se redouble et se voit pour ainsi dire dans un autre comme dans un miroir animé qui lui réfléchit son image.

« Par la conscience morale, ou dans elle, les pures sensations ou affections personnelles relatives à l'individu se transforment en sentiments expansifs relatifs à l'espèce. Le plaisir et la douleur physique sentis ou perçus du point de vue d'un autre moi deviennent joie, tristesse ou mélancolie. L'âme, pendant qu'elle s'afflige sensiblement des peines d'autrui, peut se réjouir intellectuellement des souffrances du corps : *caro ejus dum vivet dolebit, et anima illius super semetipsum lugebit.* Ainsi naissent et se développent, dans la société qu'elles ont formée et qu'elles conservent, ces vertus célestes, la pitié, l'humanité *caritas generis humani*, la bienfaisance, la générosité, etc., nobles besoins d'une nature élevée, principes d'actions morales qui, loin de s'identifier avec les besoins physiques, avec les passions et les intérêts personnels, sont essentiellement opposés, au contraire, à tous ces mobiles d'une activité animale subordonnée aux sensations.

« Ici se présente nettement la ligne de démarcation qui sépare la force de la justice, le droit personnel du devoir relatif. Le sentiment de la force qui est arrêtée ou subjuguée par une autre force égale ou supérieure ne donne lieu à aucune relation *morale*. L'être fort mesure son droit à sa force, l'être faible subit la loi de la nécessité. Mais donnez à l'être fort un sentiment de sympathie et d'amour, et sa force relative ne s'étendra plus sur le faible que pour le soutenir au lieu de l'opprimer, parce que l'oppression et le malheur de son semblable faible sont pour lui un sujet de souffrance, parce que l'abus de sa propre force, jugé du point de vue de son semblable, l'irrite et le blesse, parce que, en secourant la faiblesse et le malheur, il satisfait à un premier besoin de sa sensibilité expansive, il obéit au premier cri de la conscience, à une première loi de sa nature morale, et à un devoir impérieux dont l'infraction porte avec elle sa peine. »

Cette morale de la sympathie que l'on vient de voir exposée se heurte en réalité aux objections classiques adressées à toute morale qui entend se fonder sur la sensibilité. Une morale doit être obligatoire; et comment imposer à l'homme l'obligation d'éprouver vis-à-vis de quelqu'un des sentiments d'amour, si ceux-ci ne naissent pas spontanément? On peut commander à sa volonté, non à son cœur. Une morale doit être universelle : et quoi de plus variable, de plus fugitif aussi, que ces tendances irréfléchies, irraisonnées, qui nous portent vers d'autres âmes; un rien les cause, un rien les voit disparaître. Au fond, Maine de Biran était un psychologue trop avisé pour ne pas s'apercevoir de tout ce qu'il y avait de relatif dans la doctrine qu'il propose; aussi essaie-t-il par ses explications de répondre à cette difficulté en remarquant qu' « en vertu de ce rapport anthropologique, nul agent ne peut être réduit à son individualité », que « ses droits sont des attributs communs à tous les êtres actifs et intelligents, à tout ce qui s'appelle personne »; que le précepte de ne pas faire à un autre ce que je ne voudrais pas qui me fût fait, ne repose pas sur une crainte de la sensibilité, qui a peur de la revanche, mais qu'en disant *je veux* je parle comme un être intelligent, participant à « la raison suprême », et à la loi du devoir, « besoin de la conscience morale, très bien exprimé, dit-il, dans ces belles paroles de l'*Oraison dominicale* où l'âme élevée à Dieu lui dit : Que votre volonté soit faite. »

Cependant, même avec ces explications, la loi morale n'est pas suffisamment justifiée. Et Maine de Biran qui le sent confusément, plus qu'il ne le dit, parle d'un troisième progrès intellectuel et *proprement* moral où la conscience va atteindre l'absolu; et comme les philosophes spiritualistes, bien que moins clairement, c'est en Dieu qu'il place le dernier fondement du devoir. Les citations qui vont suivre mettront le lecteur à même de juger si cette affirmation n'est pas excessive qui prétend que pour Maine de Biran « les fondements de l'ordre moral sont *tout entiers* dans la sympathie et que le fait primitif du devoir s'est constamment dérobé à ses analyses ».

« Aussitôt que Dieu est pensé, le monde est expliqué. Comme on n'a pas besoin de concevoir le comment de l'action de l'âme sur le corps pour avoir le sentiment de cette action, ou la conscience de liberté ou d'individualité, on n'a pas plus besoin de concevoir le comment de la création, ou de l'action de la cause suprême des existences sur le monde et sur l'âme, pour en avoir le sentiment et y croire nécessairement comme au fait de l'existence, quand on y pense comme il faut ou qu'on y applique le sens approprié, la face de notre âme qui est naturellement et primitivement tournée vers la cause des existences...

« Dieu, la cause unique des existences, étant conçu, toutes les causes particulières et modifiantes s'y subordonnent et viennent d'elles-mêmes s'y coordonner ; là commence un nouvel ordre d'absolu, une religion, comme une morale, absolue.

« C'est de ce point de vue élevé au-dessus de tous les jugements et préjugés, de tous les intérêts, de toutes les passions humaines, que l'âme connaît son prix et peut savoir ce qu'elle vaut. C'est là qu'est cette idée de l'âme de l'homme dont parle Pascal : « idée si grande que nous ne pouvons souffrir d'en être méprisés, et que toute la félicité de l'homme consiste dans cette estime » qui est comme celle de Dieu même qui a fait cette âme à son image. Là, la vertu se juge et s'approuve elle-même quand tout l'univers se lèverait pour la proscrire. Là, l'homme trouve encore une sorte de douceur à sentir sa faiblesse, et à compatir aux misères inséparables de cette vie passagère qui attend son couronnement et son but...

« C'est là que, dans la pensée de l'être absolu, infini, un génie tel que celui de Platon rêve le type réel, et le modèle exemplaire de toute perfection intellectuelle, morale et physique, qui, ayant son foyer, son centre unique dans l'être universel, se réfléchit dans toutes les existences relatives, particulières ou individuelles, empreintes du sceau de la création. C'est à cette source qu'ont puisé les philosophes de tous les temps qui ont conçu le grand problème des existences, qui ont cherché à entendre les choses au lieu de les imaginer, qui ont senti le besoin d'expliquer les choses humaines par les divines, le sensible par l'intellectuel, le relatif par l'absolu. C'est à cette source que le prince des orateurs et des philosophes a puisé ces idées d'une morale céleste, dont il fut le si digne organe : de cette loi animée, répandue dans tous les esprits ; loi absolue, constante, éternelle, qui n'a pas besoin d'être écrite ni interprétée pour servir de règle ; qui n'est établie ni par les décrets des princes, ni par la volonté ou l'opinion mobile des peuples ; qui dicte impérieusement le devoir et ne commande jamais en vain, soit qu'elle parle à l'homme de bien, soit qu'elle agisse sur l'âme du méchant ; loi unique, immortelle, qui remplit tous les temps et tous les lieux, et qui a une toute autre mesure que l'intérêt ou l'utilité, puisqu'un intérêt contrarie et détruit ce qu'un autre intérêt veut ou détermine ; qui n'admet qu'un seul maître, un roi ou un empereur universel, véritable législateur et arbitre suprême de la loi. *Si naturâ confirmatum jus non erit, virtutes omnes tollentur* (1).

« Écoutons Leibniz, élève de la même école : « C'est donc dans l'absolu qu'il faut chercher cette règle qui ne change point et qui doit être le modèle, le foyer de toutes les autres ; cet ordre éternel, immuable, règle de toutes les intelligences, fondement de tous les devoirs, principe de toute morale, supérieur à toutes les institutions humaines, qui n'ont de force et de durée que par elle, inaccessible aux attentats des méchants et aux fureurs des révolutions. »

Aussi, protestant contre les philosophes qui veulent renverser cet ordre et subordonner les « choses divines aux choses humaines », « l'absolu au relatif », Biran dira qu'ils « n'entendent rien » à ces problèmes, et qu'ils n'ont, au lieu d'une philosophie, qu'une logique artificielle. L'on sait d'ailleurs combien ce dernier grief est pour lui particulièrement grave, puisque c'est l'argument qu'il a constamment opposé aux sensualistes. Le

---

(1) Cicéron. *De Legibus.*

psychologue qu'il est ne peut s'habituer à cette façon d'étudier non des réalités, mais de « vains fantômes ou des signes morts ou vides ». Et pour lui cette morale est morte qui voudrait se séparer de Dieu, d'où lui vient toute efficacité. Dans le résumé qui termine les *Fragments relatifs aux fondements de la morale*, il met sa pensée en pleine lumière.

« Quand l'homme voit, entend ainsi, la vérité absolue, intellectuelle (dans un être éternel), il voit et entend de la même manière, et dans la même source, la vérité morale, l'absolu du devoir, la règle invariable des mœurs ; dès lors c'est par cette vérité seule, immuable, qu'il se juge lui-même, s'approuve ou se condamne, selon qu'il suit la loi éternelle ou qu'il s'en écarte ; ce n'est que du point de vue de l'éternelle et immuable raison et non pas d'un point de vue humain, ou en suivant des opinions variables qu'il peut juger ainsi ses propres actions comme elles sont; ou plutôt c'est la loi même absolue, qui le juge, et comme dit encore supérieurement Bossuet ! « Ce n'est pas la vérité qui s'accommode au jugement de l'homme » mais tout jugement humain, pour être vraiment *moral*, devra s'accommoder à la vérité, à l'absolu de la loi divine. Le jugement de l'homme ne sera droit et sain qu'autant que sachant combien ses propres opinions, ou les jugements qu'il porte d'après lui-même, sont incertains et variables de leur nature, il leur donnera toujours pour règle, une de ces vérités nécessaires et que nous appelons en ce sens l'autorité de la raison dans les choses morales, qui n'est autre que l'autorité même de Dieu, en qui seul est la raison du bien et du mal de nos actions. Otez la cause suprême des existences, l'éternel auteur de ces rapports immuables que nous appelons loi de la nature, ordre moral, comme physique, et vous ôtez toute base réelle, solide, à la morale comme à la législation : car point d'obligation certaine sans loi, et point de loi sans législateur. »

Après avoir étudié les fondements de la morale, l'auteur devait être amené à en dégager les applications sociales et politiques. Le peu qu'il écrit à ce sujet laisse du moins entrevoir sa pensée avec assez de clarté. On devine qu'il n'admet nullement, comme le voulait le XVIIIe siècle, que ce soit à la société à façonner et à moraliser les individus ; bien au contraire, prétend-il que la réforme sociale résultera de la réforme individuelle ; enfin, il reproche vivement à Montesquieu d'avoir eu le dessein d'établir en définissant les lois par des rapports, qu' « il n'y a rien d'absolu ni dans a religion, ni dans la morale, ni dans la politique ».

« Ici, les institutions morales et religieuses pourront être dénaturées, perverties ou séparées de leur source pour n'être plus que des institutions politiques de tous les lieux, et des conventions humaines relatives à la civilisation de la société, à la nature du gouvernement, au sol, au climat... Là,... les institutions politiques de tous les temps, iront toujours en se rapprochant de l'absolu, d'une morale et d'une religion toute divine ; et la destination des sociétés comme des individus, ne sera parfaitement remplie qu'alors que ces lois de l'absolu, planant sur tout le monde politique, lui imprimeront toutes les directions, en régleront tous les mouvements et détermineront la forme constante et désormais invariable de son orbite.

« La direction de cette marche des institutions sociales vers l'absolu n'est sans doute qu'un idéal, mais c'est certainement l'idéal de la perfection. Sans doute les sociétés ne se perfectionnent pas comme les individus, et nous pourrons ailleurs en dire les causes qu'on peut déjà pressentir. Mais en admettant une perfectibilité sociale ou définie, il serait évidemment absurde de croire qu'elle fût opposée, dans ses moyens comme dans son but, à ce qui constitue le véritable perfectionnement des individus...

« Maintenant, comment une société tellement constituée que chaque individu ne soit occupé que de ses intérêts ou de ses droits, soit sans cesse en garde pour les défendre, voie dans chaque homme un rival, et ne se nourrisse que de sentiments irascibles, pourrait-elle être dite se perfectionner, lorsque chaque individu s'y trouve en opposition avec les lois de la nature intellectuelle ou morale, s'éloigne de la perfection et la perd de vue, lorsque la société elle-même marche en sens inverse de son véritable but, qui est le repos, la sécurité, le loisir, nécessaires à chaque individu pour développer librement les facultés de sa nature et consulter cette raison suprême qui lui trace sa véritable destination en apprenant à connaître Dieu et à aimer Dieu et les hommes ? »

Ainsi qu'en témoignent les extraits qui précèdent, il semble qu'en 1817, la pensée de Biran, tout en se détachant du stoïcisme, oscille entre la morale de la sympathie et une doctrine rationnelle ; bien mieux il paraît adopter simultanément ces deux théories, bien que contradictoires l'une à l'autre. Pour rendre compte de cette attitude, ce qui ne laisse pas d'offrir quelque difficulté, on est amené à penser que Maine de Biran a voulu décrire une sorte de dialectique de la morale ; il récapitule les étapes de son développement, et en vertu même de son anthropomorphisme psychologique, il semble admettre que sa propre évolution morale a reproduit les phases de toute évolution morale, et que c'est seulement par degrés que l'homme qui s'est connu et aimé lui-même se détache de ces sentiments égoïstes pour aimer les autres en lui ; et enfin, dans un dernier élan, il s'élève au-dessus du relatif, dont il n'est pas encore sorti, pour chercher dans l'absolu ce fondement fixe dont il sent le besoin. Ainsi comprise, sa morale est moins l'exposé direct d'un système qu'un chapitre de l'histoire de son âme, et de toute âme aussi, pense-t-il. Les *Fragments relatifs aux fondements de la morale* ne constituent qu'une rédaction impersonnelle des confidences du *Journal intime*.

Si l'on adopte l'interprétation que nous proposons, il est plus aisé de saisir la continuité de ce développement intellectuel et religieux. Transformant la formule primitive : *Il faut vivre conformément à la nature*, en celle-ci : *Il faut vivre conformément à la raison*, les stoïciens avaient mieux marqué leur réaction à l'égard des théories sensualistes, utilitaires et individualistes. Et cependant leur doctrine aboutissait aussi à un individualisme, à un égoïsme plus raffiné, mais non moins odieux. Épictète ne recommande-t-il pas de demeurer impassible devant le malheur d'autrui de peur d'en être troublé ? Et Sénèque ne s'excuse-t-il pas comme d'une faiblesse d'avoir pleuré la mort de sa femme et de son ami ? D'ailleurs, même en paraissant se soumettre à l'ordre universel et à la raison suprême, les premiers stoïciens ne renonçaient pas à eux-mêmes, puisque le sage est une partie de Dieu, Dieu lui aussi : conséquence de leur métaphysique panthéiste. — Or, Biran acceptera la formule du Portique, en lui donnant un sens bien différent : Il faut obéir à l'ordre universel, à la raison suprême, à la loi éternelle : seulement ordre, raison et loi s'appuient sur l'existence d'un Dieu personnel, qui est aussi le vrai fondement de la morale et de la religion.

Cette morale spiritualiste sert aussi de transition entre le stoïcisme que Biran a rejeté, et le christianisme qu'il est sur le point d'accepter. Encore un peu, et aux formules précédentes reconnues insuffisantes il pourra substituer un principe, qui à lui tout seul indique bien le chemin parcouru par cette âme, au cours de son ascension morale : Il faut obéir à Dieu par amour — et une prière, empruntée à Fénélon. « O Dieu, prenez mon cœur, puisque je ne sais pas (ou que je ne puis pas) vous le donner. Ayez pitié de moi malgré moi-même ».

TROISIÈME PARTIE

Le Chrétien

Dans la vie de Maine de Biran, la période qui va de 1818 à 1824 est celle où se constitue sa philosophie religieuse, à peine esquissée jusque là. Non pas qu'il abandonne les recherches psychologiques qui ont été la passion de sa jeunesse ; mais désormais il les subordonne à des préoccupations d'un ordre plus élevé, aux préoccupations religieuses. Et au-dessus de la vie animale et de la vie humaine, une troisième forme d'activité sera signalée, la vie de l'esprit, c'est-à-dire celle qui résulte de l'union de l'âme avec Dieu. — Une fois de plus, l'évolution de la pensée de Biran aura confirmé une loi souvent constatée dans le développement de la pensée de bien des philosophes ; nombreux sont ceux, qui à l'époque de leur jeunesse et dans l'ardeur joyeuse des premières découvertes, s'attachent à pénétrer les secrets du monde ou de la nature humaine, et qui, sur le tard, sentent le besoin d'en venir à la méditation de ce qui ne passe pas, et à la connaissance de l'unique nécessaire.

« Si je trouve Dieu et les vraies lois de l'ordre moral, ce sera pur bonheur... » écrit Biran dans son *Journal*, à la date du 16 avril 1815. Mais, lui non plus, ne le chercherait pas s'il ne l'avait pas déjà trouvé. Dieu a été pour lui un besoin du cœur avant d'être le résultat d'une démonstration philosophique : le sentiment a été plus clairvoyant que l'idée : l'homme a devancé le philosophe. Les citations précédentes l'ont indiqué : il reste à signaler par quelles preuves il parvient à « trouver » ou mieux, à « retrouver » Dieu.

CHAPITRE I

LES PREUVES DE L'EXISTENCE DE DIEU

Les premières indications sur ce sujet nous sont fournies par le *Commentaire sur les Méditations de Descartes*, publié par les soins de M. Alexis Bertrand. Ce commentaire est de 1813. Préoccupé de la publication d'un travail important, Biran s'y prépare en relisant et en annotant les *Méditations* de Descartes. Il se trouve ainsi amené à discuter les preuves fournies par celui-ci en faveur de l'existence de Dieu. On s'attend bien à ce que la démonstration par l'idée d'infini ou par l'idée de perfection impliquant nécessairement l'existence ne trouve pas grand crédit auprès de lui. — Qu'il y ait en nous l'idée d'une substance infinie, Biran en doute d'abord ; de plus il refusera positivement d'appuyer une démonstration sur cette idée qui conduit directement au panthéisme; il faudrait surtout prouver que toute notion supérieure à ce que nous sommes ne peut pas provenir de l'activité de notre esprit. — Quant à la seconde raison donnée, il faut savoir s'il s'agit d'un *fait* primitif: la perception immédiate de l'existence de Dieu dans son essence ou seulement d'une *idée* qui en contient une autre. Et lui qui reproche si souvent aux sensualistes comme aux philosophes *a priori*, d'être des logiciens, de substituer des formes vides aux réalités vivantes, il écartera de toutes ses forces des preuves qu'il estime uniquement logiques, c'est-à-dire sans valeur.

« ... Descartes vient enfin à l'idée de Dieu, dans laquelle il se propose de considérer s'il y a quelque chose qui n'ait pu venir de nous-même. « Par le nom de Dieu j'entends, dit-il, une substance infinie, éternelle, immuable, indépendante, toute connaissante, toute puissante, et par laquelle moi-même et toutes les autres choses qui sont (s'il est vrai qu'il y en ait qui existent) ont été créés et produits. Or, ces avantages sont si grands et si éminents que plus attentivement je les considère et moins je me persuade que l'idée que j'en ai puisse tirer son origine du moi seul. Et, par conséquent, il faut nécessairement conclure de tout ce que j'ai dit auparavant que Dieu existe : car, encore que l'idée de la substance soit en moi de cela même que je suis une substance, je n'aurais pas néanmoins l'idée d'une substance infinie, moi qui suis un être fini, si elle n'avait été mise en moi par quelque substance qui fût véritablement infinie (1). » Cette preuve de l'existence de Dieu, que Descartes admet comme d'un ordre supérieur ou antérieur à celui de la réalité de toutes les autres existences, se fonde sur plusieurs hypothèses qu'il serait difficile de justifier :

« 1° Que nous avons l'idée positive d'une substance infinie comme actuellement existante. Je doute que les hommes les plus réfléchis, se laissant guider par les seules lumières de la raison, trouvent en eux cette idée, comme ils y trouvent la notion distincte d'une substance étendue, et aussi celle d'une cause ou force indéterminée productive des phénomènes. Or, si l'esprit ne trouve pas en lui cette notion, comment s'y prendra-t-on pour lui prouver sa *réalité formelle ?*

« 2° Que toute notion qui représente une chose supérieure à ce que nous sommes, ou à ce que nous apercevons être, a un objet, un modèle ou un type réel de perfection extérieur à notre esprit; et que cet objet réel a gravé, pour ainsi

(1) Descartes.

dire, en nous, la notion qui le représente ou qui en est la copie. Voilà encore une hypothèse impossible à justifier. D'abord savons-nous bien ce que nous sommes ? N'y a-t-il pas dans la nature de notre âme des puissances que nous ignorons complètement et qui sont destinées à se développer dans un autre mode d'existence ? Qui sait s'il n'y a pas en elle une perfectibilité indéfinie, une science infinie, mais confuse ? Ne pourrait-elle pas se créer d'après ce type intérieur le modèle d'un être tout puissant, tout parfait, omniscient, sans que ce modèle eût un objet externe, cause de la notion qui le représente ? Pourquoi serait-ce en Dieu seulement et non en nous-même que nous trouverions l'infini ?

« La preuve que notre âme a en elle la faculté de concevoir l'infini, la perfection, c'est qu'elle a de telles notions. Nous concluons très bien des actes aux facultés qui sont en nous, mais non des facultés aux causes supérieures qui les ont produites avec notre âme, car il faudrait pour cela que nous puissions nous faire une idée de la création et après que nous sommes parvenus à reconnaître une cause efficiente première de ce qui se fait, remonter encore à la cause de ce qui *est*, ou à une substance qui a produit toutes les autres, quoique celles-ci soient comme indépendantes par leur nature ou par celle de la notion même qui les représente. Ce progrès de l'esprit, qui remonte à la cause première des substances et des forces, causes naturelles des phénomènes, n'est pas dans l'ordre naturel de la raison; d'où l'on peut conclure qu'une telle notion n'a pas été mise dans notre esprit par quelque substance infinie qui en soit le modèle extérieur, mais qu'au contraire nous nous élevons à la conception d'un tel modèle en réalisant hors de nous par induction la cause, la substance que nous trouvons en nous-même.

« 3° On prouverait l'existence nécessaire de la substance matérielle étendue, plutôt que celle de Dieu, par l'argument de Descartes, en disant : Je n'aurais pas l'idée d'une substance étendue, moi qui suis une chose qui pense, non étendue, si elle n'avait été mise en moi par quelque substance qui soit véritablement étendue; donc, une telle substance existe réellement. Et cet argument me paraît sans réplique, dès qu'on fait l'application nécessaire du principe de causalité, puisqu'il est vraiment impossible de concevoir comment nous pourrions avoir l'intuition de l'étendue, comme étant hors du moi et opposée à lui, s'il n'y avait pas une substance étendue ou une cause extérieure quelconque de cette intuition. »

Venant ensuite à l'examen de la cinquième *Méditation* de Descartes, voici ce que Maine de Biran écrit sur la preuve *ontologique* qui s'y trouve développée :

« Si de cela seul que je puis tirer de ma pensée l'idée de quelque chose, il s'ensuit que tout ce que je reconnais clairement et distinctement appartenir à cette chose, lui appartient, en effet, ne puis-je tirer de là une preuve démonstrative de l'existence de Dieu (1) ? » Lorsque je tire de ma pensée l'idée d'une chose, il s'ensuit que tout ce que je reconnais clairement et distinctement appartenir à cette chose, lui appartient en effet, en tant que son idée est dans mon esprit ou que je la conçois. Mais il ne s'ensuit pas que cette chose existe réellement hors de mon esprit avec les attributs que j'y reconnais. Les vérités mathématiques en sont un exemple Nous concevons clairement et distinctement, ces idées et leurs relations sans pouvoir en conclure rien pour la réalité absolue de leur objet.

« L'existence de Dieu doit passer en mon esprit au moins pour aussi certaine que les vérités mathématiques qui ne regardent que les nombres et les figures (2). » J'admets la parité quant au genre de la vérité.

(1) Descartes.
(2) *Ibid.*

« Ayant accoutumé, dit Descartes, dans toutes les autres choses de faire distinction entre l'existence et l'essence, je me persuade aisément que l'existence peut être séparée de l'essence de Dieu, qu'ainsi on peut le concevoir comme n'étant pas actuellement. Mais lorsque j'y pense avec plus d'attention, je trouve manifestement que l'existence ne peut non plus être séparée de l'essence de Dieu que de l'essence d'un triangle rectiligne la grandeur de ses trois angles égaux à deux droits, ou bien de l'idée d'une montagne l'idée d'une vallée; en sorte qu'il n'y a pas moins de répugnance de concevoir un Dieu, c'est-à-dire un Être souverainement parfait auquel manque l'existence, c'est-à-dire auquel manque quelque perfection, que de concevoir une montagne qui n'ait point de vallée (2). » Je trouve un véritable sophisme dans ce raisonnement. Sans doute, lorsque ayant défini Dieu un être qui a toutes les perfections, vous considérez l'existence comme une de ces perfections, il répugne à notre définition d'exclure l'existence de l'idée de Dieu. Mais c'est là une vérité logique fondée sur le principe de contradiction : point de montagne sans vallée, point d'effet sans cause.

(1) *Ibid.*

« On a objecté contre l'argument de Descartes qu'il ne prouvait pas que Dieu ou qu'un être souverainement parfait fût possible, et que l'argument n'était vrai, ou l'existence de Dieu certaine, qu'autant que cette notion était possible, c'est-à-dire qu'elle n'admettait pas d'éléments incompatibles entre eux. Mais quand même il n'y aurait pas incompatibilité entre les éléments que l'esprit réunit sous cette idée, il ne s'ensuivrait pas nécessairement qu'elle eût hors de l'esprit un tel objet ou un modèle réellement existant. Descartes met l'existence au nombre des attributs ou perfections de l'être réel ou purement idéal qu'il appelle Dieu. Mais avant de concevoir des attributs dans un sujet, il faut savoir s'il y a un sujet existant. »

Ici se trouve une petite note qui mérite d'être reproduite, tant parce qu'elle exprime clairement la pensée de Biran, sur la preuve ontologique, que parce qu'on entrevoit, indiquée au passage, celle qu'il développera plus tard.

« De cela seul que je ne puis concevoir Dieu que comme existant, il s'ensuit que l'existence est inséparable de lui, et partant qu'il existe véritablement, non que ma pensée puisse faire quoi que ce soit, ou qu'elle impose aux choses aucune nécessité ; mais au contraire la nécessité qui est en la chose même me détermine à avoir cette pensée (1). » On confond ici la nécessité des idées avec la nécessité des choses. Je trouve dans mon esprit la nécessité de concevoir des causes efficientes quand je vois des phénomènes qui commencent, et je suis conduit par l'exercice de mes facultés à pousser cette notion de cause jusqu'à celle de Dieu. Mais la nécessité d'un être souverain, parfait, n'est pas imposée à mon esprit comme une vérité nécessaire. Car combien d'hommes en qui elle ne se trouve pas ! Tandis que la notion de l'existence réelle des substances, des causes de phénomènes, est universelle ou commune à tous les esprits. L'idée de l'existence peut être prise pour l'existence même, quand il s'agit des figures mathématiques, car il dépend de moi de les réaliser. Mais il n'en est pas de même de l'idée d'un être indépendant : supposer son existence ou en avoir l'idée n'est pas l'apercevoir. »

Quelques pages plus loin, notre philosophe présente le résumé de sa discussion en trois conclusions dont la dernière est particulièrement intéressante, parce qu'on y voit déjà poindre le soupçon d'une connaissance immédiate de Dieu, premier indice des théories mystiques

---

(1) Descartes, *Médit.* V, § 4.

auxquelles l'auteur arrivera bientôt. Pour l'instant, la question est seulement posée.

« Il paraît, écrit-il :

« 1° Que dans les idées que nous composons nous-mêmes, l'essence véritable ou la possibilité de la chose conçue suffit pour nous assurer, non pas que la chose existe actuellement telle que nous la concevons, mais qu'elle peut réellement exister, ce que nous parvenons à constater par des expériences ou des recherches dont l'inutilité ne saurait jamais nous convaincre que la chose n'existe en aucun lieu de l'espace ou à aucune époque de la durée. Mais tout doute disparaît lorsque nous réalisons nous-mêmes ces idées, comme font les géomètres et les artistes qui peuvent faire qu'un objet dont ils conçoivent l'existence idéale passe du possible à l'actuel.

« 2° Dans les choses que la nature compose, nous connaissons l'existence avant de connaître l'essence véritable, et indépendamment de cette essence, ou de ce qui fait précisément qu'un tel être était possible avant qu'il existât. Nous n'avons pas besoin de connaître cette essence pour nous assurer de l'existence des êtres, les moyens naturels que nous avons nous sont donnés avec les perceptions des sens.

« 3° Quant aux idées ou notions qui ne sont pas

notre ouvrage, qui sont données toutes faites à notre esprit avec la croyance nécessaire d'une existence réelle et actuelle, il n'y a aucune distinction à faire à leur égard entre l'essence et l'existence, aucun doute possible à former sur celle-ci, ni aucune lumière à acquérir au-dessus de celle que nous donne la nature. Reste à savoir si la notion de Dieu, celle de l'âme séparée, est au nombre de ces dernières; auquel cas, il n'y aurait pas plus de *démonstration possible* de sa réalité qu'il n'y en a de celle de la substance matérielle, des forces actives, etc... Et l'argument de Descartes serait inutile; car il n'y a rien à démontrer sur des notions qui emportent avec elles la réalité : il ne s'agit que de les constater... »

A cette époque, vers 1813, Biran traite encore d'un point de vue tout spéculatif ce problème de l'existence de Dieu, dont la solution est si importante pour l'orientation qu'elle imprime à la vie humaine. Mais le drame intérieur qui se poursuit en lui, et les leçons des événements vont le transporter sur le terrain pratique. En 1814, le jour de la fête donnée au roi par la ville de Paris pour fêter son retour, « il éprouve au milieu de l'allégresse générale un accès d'impatience et d'humeur qui ne peut se décrire »; et après avoir contemplé de sa fenêtre la pluie d'or d'un feu d'artifice, il écrit ces mots, révélateurs de bien des désillusions : « C'est une belle chose qu'une fête... quand on en est revenu (1) » ; il assiste aux séances de la Chambre « comme à un spectacle ennuyeux (2) » ; il manifeste quelque impatience de ne pas pouvoir faire comprendre et partager à sa Société philosophique sa doctrine sur le sentiment du moi et l'activité (3) ; il s'irrite de ce qu'on lui demande avec insistance de tous les côtés pourquoi il ne parle pas à la Chambre : ce qui l'oblige à s'avouer tristement à lui-même que la nature ne l'a pas destiné à influer sur les autres hommes par la parole ; il s'indigne enfin de cette indifférence de la multitude qui regarde passer, comme un spectacle ordinaire, le cortège funèbre qui transporte à Saint-Denis les dépouilles mortelles de l'infortuné Louis XVI (4).

Au milieu de ces tristesses qui l'envahissent une à une, il essaie de se consoler par la lecture des vies de Fénelon et de Bossuet, en même temps qu'il commence ses journées par la lecture d'un chapitre de l'Écriture Sainte (5). Un dernier événement va précipiter cette crise psychologique, en faisant jaillir soudainement les sentiments religieux qui s'agitaient confusément en son âme. Le retour de Napoléon, après la Restauration, le départ précipité pour le Midi, les jours d'angoisse qui suivent, l'arrivée fortuite à Grateloup de la gendarmerie qui vient le saisir, sans pouvoir cependant y par-

---

(1) *Pensées*, 25 août.
(2) *Ibid.*, 30 août.
(3) *Ibid.*, 22 septembre.
(4) *Ibid.*, 21 janv. 1815.
(5) *Ibid.*, 8 mars.

venir, le chagrin qu'il éprouve à voir son fils de dix-neuf ans, déjà engagé dans la carrière des armes, dans la nécessité de renoncer à toute espérance de fortune ou d'avancement pour l'avenir : tout cela se réunit pour le pousser à chercher au-dessus de la terre une consolation qui ne trompe pas. Et en lui, le père de famille, le royaliste, le patriote, l'homme, vont d'un même mouvement spontané vers Dieu. C'est sa seconde conversion : le passage de la philosophie spiritualiste à la méditation religieuse. A lire la page du *Journal intime* où est consignée cette résolution, on la croirait détachée du carnet d'un retraitant.

« C'est assez longtemps se laisser aller au torrent des événements, des opinions, du flux continuel des modifications externes ou internes, à tout ce qui passe dans l'ombre. Il faut s'attacher aujourd'hui au seul être qui reste immuable, qui est la source vraie de nos consolations dans le présent et de nos espérances dans l'avenir.

Stat ad judicandum Dominus, stat ad judicandos populos.

Si, en Biran, l'homme est persuadé de la réalité de ces liens qui unissent la créature raisonnable au Créateur, il reste au philosophe à se convaincre. C'est ce travail qui se poursuit de 1815 à 1817, et dont le résultat est consigné dans ces pages si instructives déjà citées : *Fragments sur les fondements de la morale et de la religion.* Bien que la rédaction assez hâtive de ce morceau ne permette pas à la pensée de l'auteur de se manifester avec assez de continuité logique, on peut voir cependant que dans cette ascension de l'être vers Dieu, il faut distinguer la part de l'esprit, et celle du cœur : de l'esprit, qui s'appuie sur le principe de causalité pour aller des effets aux causes, et à la cause première; du cœur qui vivifie cette notion par l'attribution à Dieu de notre vie infiniment agrandie; et l'on sent que, pour lui, les éléments ainsi fournis par notre vie morale sont les éléments essentiels. Par là, il se rapproche de Pascal. Dieu, comme il le conçoit, est non seulement l'Être infini, mais encore l'Être infiniment bon, mais surtout un Père. Cette âme religieuse est déjà une âme chrétienne.

« Les hommes se sont toujours trompés en allant chercher au loin ce qui est près d'eux, ce qui leur est intime, le principe de causalité est en nous; il ne s'agit que de le constater dans sa source et de l'appliquer suivant les lois d'une saine raison, en s'élevant de la personnalité du *moi*, cause relative, particulière, efficiente des mouvements du corps, à la personnalité de Dieu, cause absolue, universelle, de l'ordre du monde et de son existence.

« Dans le premier et le plus simple exercice de la volonté, l'âme commence le mouvement du corps et crée ce mouvement par un acte de volonté, et dès lors aussi le *moi* commence à exister pour lui-même, c'est-à-dire à s'apercevoir ou à avoir conscience. Mais puisque le sens intime du *moi*, ou d'existence individuelle, commence, s'interrompt et renaît encore toujours le même, il y a donc une cause permanente, identique, qui le fait commencer ; nous appelons âme cette cause ainsi prise dans l'absolu et hors de la conscience. Ce que le *moi* est à la sensation du mouvement dans l'ordre relatif de la conscience, l'âme l'est, dans l'ordre absolu au corps qu'elle vivifie.

« En prenant cet absolu des existences pour le point de départ, nous sommes nécessités à croire que l'âme, dans son union avec le corps, a commencé à exister comme à agir sur le terme organique auquel elle s'applique. Il y a donc une cause absolue de l'existence de l'âme, et cette cause est Dieu : Dieu est à l'âme ce que l'âme est au corps dans l'ordre absolu, ce que le *moi*, cause, est à la sensation du mouvement, effet, dans l'ordre relatif.

« C'est ainsi que la raison explique ce qui était donné avant elle, et dans le sentiment même de notre existence. La raison trouve une cause vivante dans l'intimité de la conscience, et s'applique à cette idée première pour en déduire tout ce qui y est; elle ne crée pas l'idée, ou le principe de la causalité, comme elle crée la notion de substance, en réunissant sous une seule idée abstraite le système total des êtres. L'existence relative, et par un progrès nécessaire, l'existence absolue de la cause, est un fait, non une abstraction. »

Et voici pour le rôle du sentiment. On remarquera une certaine analogie entre cet « anthropomorphisme spirituel » ou mieux moral, et la doctrine de la sympathie, exposée par l'auteur au cours du même travail.

« La religion, en tant qu'elle est le culte du cœur, présuppose un sentiment moral ou un rapport de sympathie et d'amour entre des êtres sensibles et faibles, et la cause suprême dont ils dépendent quant à leurs modifications et à leur existence même. Le sentiment moral, associé à la notion ou à l'idée d'une puissance, d'une bonté infinie, s'agrandit et s'élève dans la même proportion que la tendre, la soigneuse prévoyance du plus sage et du meilleur des pères dépasse le pouvoir et l'intelligence de l'homme. La bonté de la Providence divine est une bonté surhumaine.

« Si toute idée religieuse est réduite par l'imagination qui commence à s'en emparer, à un véritable anthropomorphisme vague, corporel, comme l'a très bien dit l'auteur d'*Emile*, il est encore plus vrai que, même avec tous les progrès de la raison, le sentiment religieux constitue toujours un véritable anthropomorphisme spirituel, dans ce sens que l'homme ne peut aimer, ni honorer, dans l'auteur des existences, que la perfection des mêmes qualités et des mêmes vertus par lesquelles il sympathise de toutes les forces de son âme, avec des êtres d'une nature semblable à la sienne. »

A peu près à la même époque, et tandis qu'il est occupé de ces recherches sur le fondement de la religion, Biran note dans le *Journal intime* le changement de point de vue qui s'est produit en lui, en même temps que le changement de dispositions et de caractère moral.

« Ne trouvant en moi, ni hors de moi, dans le monde de mes idées ni dans celui des objets, rien qui me satisfasse, rien sur quoi je puisse m'appuyer et qui me procure quelque satisfaction, je suis plus enclin, depuis quelque temps, à chercher dans les notions de l'Etre absolu, infini, immuable, ce point d'appui fixe, qui est devenu le besoin de mon esprit et de mon âme. Les croyances religieuses et morales que la raison ne fait pas, mais qui sont pour elles une base ou des points de départ nécessaires, se présentent comme mon seul refuge, et je ne trouve de science vraie que là précisément où je ne voyais autrefois, avec les philosophes, que des rêveries et des chimères. Ce que je prenais pour la réalité, pour le propre objet de la science, n'a plus à mes yeux qu'une valeur purement *phénoménique;* mon point de vue a changé avec mes dispositions et mon caractère moral (1) ».

Nous allons assister, en effet, à une très rapide transformation dans la philosophie biranienne; le point de vue mystique commence déjà à apparaître, et il deviendra de plus en plus prédominant. En lisant la page qui précède et où Biran déclare que ce qu'il prenait pour la réalité autrefois n'est plus pour lui qu'un phénomène, on ne peut s'empêcher de penser aux procédés de la dialectique platonicienne. Longtemps enfermés dans une caverne, les prisonniers dont parle Platon, ont pris pour la réalité les ombres, projetées sur le mur, des hommes qui passent au dehors; puis quand ils sont ramenés à la lumière, ils s'aperçoivent avec étonnement de leur erreur; plus tard enfin, ils élèvent leurs regards vers le ciel, et en viennent, après avoir pu seulement le contempler, durant la nuit, à la clarté des étoiles, à soutenir sans fatigue l'éclat du soleil : image des

(1) *Pensées*, du 26 mai au 6 juin 1818.

étapes de la connaissance humaine dans son ascension vers Dieu, soleil du monde intelligible. Or, on pressent que Biran est entraîné vers une théorie analogue. Devançant l'affirmation du P. Gratry sur l'existence d'un sens divin, il a déjà parlé de « cette face de notre âme qui est naturellement et primitivement tournée vers la cause des existences ». C'est pour lui une sorte de « sens immédiat ». Un peu plus tard, la même préoccupation se fait jour dans le *Journal*, dans le rapprochement qu'il établit entre le système de Malebranche, et celui de Fénelon. « Ce que Malebranche, écrit-il, dit du système intellectuel, Fénelon le dit du système moral affectif. Suivant le premier, nous voyons tout en Dieu, suivant le second, nous aimons, nous sentons ou nous devons tout aimer, tout sentir en Dieu seul, pour lui et par lui. »

Voilà la transposition effectuée. A vivre dans la méditation continue des choses religieuses, et des ouvrages à teinte nettement mystique, l'idée de Dieu devient de plus en plus concrète, de plus en plus vivante ; elle descend de l'esprit où elle résidait, isolée de la vie réelle, au cœur et par lui à la vie totale. La spéculation se transforme en action, l'idée se change en *fait*. Dieu est ainsi l'objet d'une expérience sensible, immédiate, irrécusable ; et Biran mettra cette perception du divin, ou mieux des réalités morales et religieuses, sur le même plan que ce sentiment de l'effort, sur lequel il a appuyé toute sa philosophie. Il lui est arrivé ce qui arrive à celui qui dans la nuit, à force d'attention, entend les moindres bruits et distingue dans les ténèbres, ce qui arrive au psychologue, toujours tourné vers lui-même, dont l'observation continue crée une sorte de grossissement des objets habituels de sa méditation. Fidèle au conseil de celui qu'il regarde comme le créateur de la philosophie, il s'efforce de se connaître lui-même, et en se connaissant lui-même, il connaît Dieu. Il donne ainsi un sens tout nouveau, en renversant l'ordre des termes, à la parole de saint Augustin : *Noverim me, noverim te* : Ce n'est plus le passage, par le progrès dialectique de l'âme, de la connaissance de soi-même à la connaissance de Dieu ; mais une saisie immédiate, un *fait primitif*, comme il le répétera souvent. Peut-être le lecteur verra-t-il plus clairement ici combien est vrai le jugement de M. A. Bertrand, sur la théodicée biranienne : « Le biranisme en théodicée serait donc une sorte de malebranchisme retourné (1). »

Nous n'avons plus qu'à voir l'application de ce point de vue à la conception des rapports de la raison et de la foi, et à ce que notre philosophe appelle la théorie des deux révélations. Ce sera en même temps nous conformer au progrès de cette évolution religieuse que nous essayons de reproduire.

(1) *Op. cit.*, p. xvii.

CHAPITRE II

LES RAPPORTS DE LA RAISON ET DE LA FOI — THÉORIE
DES DEUX RÉVÉLATIONS

A l'époque où nous sommes arrivés dans la vie de Biran, un événement se produit dans le domaine de la pensée, qui va hâter sa marche vers le christianisme ; et de ce fait les problèmes religieux et la révélation chrétienne deviendront davantage l'objet de ses méditations. — En 1818, de Bonald a publié ses *Recherches philosophiques sur les premiers objets des connaissances morales* ; et peu après l'apparition de cet ouvrage, Biran le choisit comme sujet de travail et de critique.

Il était difficile, en effet, de rencontrer entre deux philosophes opposition plus tranchée. Bonald se pose avant tout comme un sociologue. « Je n'ai jamais considéré la religion, la morale et la philosophie, écrit-il, que relativement à la société. » Aussi, prétend-il fonder la philosophie sur un fait primitif indiscutable, et par conséquent sur un fait extérieur et social. Quelques années avant Auguste Comte, il rejette déjà la légitimité de la psychologie. Ces obstinés observateurs d'eux-mêmes lui paraissent assez semblables « à ces insensés du mont Athos qui, les journées entières, les yeux fixés sur leur nombril prenaient pour la lumière incréée les éblouissements de vue que leur causait cette situation ». Le travail du psychologue est pour lui « un labeur ingrat et sans résultat possible, qui n'est autre chose que frapper sur le marteau et qui ressemble tout à fait à l'occupation d'un artisan qui, pour tout ouvrage et dépourvu de toute matière, se bornerait à examiner, compter, disposer ses outils ».

Or Biran est l'un de ces artisans, il passe sa vie, penché sur lui-même; et cette observation interne continue, loin d'être le labeur stérile que l'on dit, lui paraît donner naissance à la fois à la psychologie, à la morale et à la métaphysique ; et il en veut à de Bonald de dénigrer une science où il a fait tant de découvertes et qui tant de fois l'a consolé.

De plus, le but que poursuit de Bonald dans ses *Recherches* est surtout un but apologétique. A l'encontre du xviii siècle qui ne voyait dans la société et dans le langage que des conventions, il les présente comme des créations de Dieu. Tout vient de Dieu ; et donc la Révélation chrétienne n'est pas la chose si étrange que l'on dit. Toute science suppose à son origine des croyances, et « il ne faut pas commencer l'étude de la philosophie morale par dire : je doute... mais il est au contraire raisonnable, il est nécessaire, il est philosophique de commencer par dire : je crois » ; et donc l'antique opposition de la raison et de la foi se trouve levée. La foi se trouve au principe de toute science : bien plus, elle est la seule source de science pour les vérités morales ; et reprenant la tactique souvent employée, et qu'il estime utile à sa cause, de Bonald s'attache dans le premier chapitre du livre cité à montrer l'impuissance de la philosophie. « L'Europe qui possède aujourd'hui des bibliothèques entières d'écrits philosophiques, l'Europe attend encore *une* philosophie. » La diversité, l'incertitude, la contradiction des doctrines philosophiques lui paraît être « une des grandes plaies de la société » et, comme il le dit à un autre endroit, « un sujet de scandale et un signe de contradiction ».

Cette attitude blesse au vif Maine de Biran qui estime que la connaissance du *moi* et la connaissance de Dieu sont les « deux pôles » de la science humaine, mais que la seconde n'est possible que si elle s'appuie sur la première. Aussi, à l'encontre de celui que Mme de Staël a nommé « le philosophe de l'antiphilosophie », s'efforce-t-il de venger les droits méconnus de la raison ; et ce travail, malheureusement incomplet, porte le titre significatif : « *Défense de la philosophie* (1). »

« Je vous prie, Monsieur, de vous arrêter quelque peu sur cette observation qui est capitale entre nous, comme pouvant servir à fixer les bornes de la raison et de la foi, de la philosophie

---

(1) *Œuvres inédites*, édit. Naville, t. III.

et de la révélation, de la science et de la croyance, limites qui n'ont jamais été bien posées et que votre ouvrage tend à confondre entièrement : c'est que la philosophie ne commence seulement pour l'homme qu'à l'instant où il fait usage de sa réflexion, de sa raison, de toutes les facultés intuitives que Dieu lui a données pour suppléer aux connaissances qu'il a pu révéler immédiatement au premier homme, selon les livres sacrés, dont il a jugé à propos de retirer la connaissance à ses descendants et qu'il nous a condamnés à ne savoir qu'après les avoir étudiées dans toute la peine et la fatigue de l'esprit : *quærere et investigare sapienter de omnibus quæ fiunt sub sole* (1).

« Faites que ce que l'homme pense ou croit par l'évidence de la raison à la suite d'un grand travail de l'esprit, il le croit ou le voit immédiatement par l'évidence seule de l'autorité et vous aurez ôté la matière d'une science, d'une philosophie quelconque. Alors, sans doute, disparaîtront des oppositions qui vous paraissent un si grand désordre social, mais aussi vous aurez rendu inutiles et mêmes paralysé toutes les facultés actives que Dieu ne nous a données sans doute que pour les exercer. Reste à savoir ce que deviendraient

---

(1) *Ecclésiaste*, 1, 13.

les croyances isolées, séparées de toutes les connaissances qui sont évidemment les produits de nos facultés actives et non pas des inspirations ni des révélations comme dans l'âge des miracles ; reste à savoir si les sociétés humaines, si la vraie religion même, y gagneraient beaucoup.

« Partout où la révélation parle, la raison humaine peut ou doit se taire, mais si elle s'abstient de s'exercer hors de son domaine légitime, n'est-elle pas nécessitée à agir, à prononcer dans ses limites ? Et comment les reconnaître ou les fixer sans son intervention ? Comment des croyances propagées d'âge en âge par les traditions, fût-ce même par des signes écrits dont le vrai sens peut varier à l'infini, ne s'altèreront pas si, à défaut d'une révélation permanente, la raison commune ne conserve pas la véritable valeur des premiers signes ? Comment, enfin, quand une imagination toute matérielle ou sensible tend toujours à corrompre ou à déguiser les premières connaissances ou croyances révélées, les sages pourraient-ils se dispenser de faire encore ce qu'ils ont fait au sortir des siècles d'ignorance ou de superstition, savoir, de chercher dans la raison de l'homme ce qu'il leur était impossible de reconnaître dans les croyances de la société ou au sein des ténèbres et des illusions grossières du paganisme ?

« Comme l'âge des révélations immédiates ou le temps des miracles est passé, que les générations coupables ont perdu leur flambeau extérieur, leur guide suprême ; que deviendront-elles si vous éteignez encore cette lumière intérieure destinée à les conduire dans les ténèbres, si vous interdisez à l'homme l'emploi même légitime des moyens qui lui ont été donnés pour reconnaître ce qu'il doit croire, ou ce qu'il peut connaître ? Comment empêcherez-vous que les premières croyances révélées ne se défigurent ou ne s'altèrent par les traditions successives des âges et ne soient défigurées dans leur mélange avec les produits d'une imagination qui s'en empare pour les revêtir de ses couleurs matérielles ou anthropomorphiques ? Les premières croyances ou vérités révélées fussent-elles même fixées par l'Ecriture Sainte, si la main toute-puissante qui traça ces premiers signes écrits n'est pas encore présente pour en conserver le vrai sens, comment la valeur des signes ne sera-t-elle pas exposée dans les traditions à toute la mobilité des âges, aux caprices de l'imagination ? Enfin ne devrait-il pas arriver nécessairement une époque plus ou moins éloignée de celle des révélations où les sages se verraient obligés de chercher dans la raison de l'homme ce qu'ils ne pourraient plus reconnaître dans les croyances de la société ? Or, quels que soient cette époque et les lieux où cette recherche ait commencé et ses fondements, il est certain que la philosophie date du moment précis où les premiers sages ont senti le besoin de s'élever par leur raison ou leurs réflexions intérieures à la connaissance d'eux-mêmes et de la nature morale, sans chercher dans aucune autorité révélée ce qu'ils devaient croire ou penser (1). »

Biran distingue donc bien nettement les deux domaines de la raison et de la foi, en insistant sur la différence des motifs d'adhésion ; dans un cas, *l'autorité de l'évidence*, et dans l'autre *l'évidence de l'autorité*. Il est moins heureux lorsqu'il veut démontrer la nécessité de la raison pour conserver intact le dépôt révélé en le défendant contre les rêveries de l'imagination. C'est qu'il croit au fond à l'infaillibilité de la raison commune, aboutissant à *une* interprétation. On voit déjà qu'il ne distingue pas suffisamment entre les vérités naturelles que la raison suffit à faire connaître, et les vérités surnaturelles pour lesquelles elle ne saurait suppléer la révélation.

Poursuivant la discussion, Biran s'attaque à l'argument principal exposé par le philosophe qu'il combat. Aux yeux de Bonald, l'histoire de la philosophie n'est

---

(1) *Op. cit.*, p. 98-101.

qu'une histoire des *variations* philosophiques. Biran répond en délimitant d'abord le champ de ce qui est proprement la philosophie.

« On veut nous prouver d'après l'histoire la filiation exacte des idées de ces sages qui, à partir du premier de tous, ont « cherché à s'élever à la connaissance d'eux-mêmes et de la nature morale » en demandant à la raison, à la conscience intime de l'homme ce qui ne peut être trouvé que dans cette source, et voilà qu'on commence par nous initier à toutes les rêveries des Grecs sur les premiers principes des choses : le feu, l'eau, la manière dont les dieux se sont engendrés, celle dont le monde a été formé ; plus tard on mêlera l'histoire des découvertes ou des progrès des sciences mathématiques et physiques ou naturelles, qui vont sans cesse en se perfectionnant, avec celle de l'homme et de la nature morale qui n'a jamais changé depuis Socrate jusqu'à Descartes et Kant. Et quand on a ainsi tout brouillé, tout confondu dans ce chaos qu'il plaît d'appeler histoire de la philosophie, on osera invoquer l'expérience de cette prétendue histoire à l'appui des dissidences et des contradictions perpétuelles dont on prétend faire un signe universel de réprobation contre la philosophie et les philosophes, comme si la différence d'objets ou d'études pouvait être confondue avec l'opposition des doctrines sur un même sujet, comme si l'on pouvait s'autoriser de cette confusion d'idées ou de l'application arbitraire d'un terme général pour proscrire le genre en vue d'une telle espèce, comme si enfin on pouvait faire retomber sur la vraie philosophie l'anathème lancé contre toutes les fausses...

« Nous venons d'indiquer le sophisme sur lequel roule presque uniquement le nouveau plaidoyer que M. de Bonald a donné contre la philosophie (1).

« Et d'abord qu'entend-il par cette philosophie *une*, qu'il affecte de chercher et qu'il défie chaque pays de montrer? Quelle idée a-t-il d'un système complet encyclopédique, capable de réunir tous les esprits dans une doctrine commune de philosophie? Et comment conçoit-il cette doctrine? Est-ce celle qui se bornerait à la science des vérités premières, intellectuelles et morales, communes à tous les systèmes, quoique plus ou moins déguisées dans quelques-uns? Cette doctrine existe, et l'on a près de soi ce que l'on cherche. Est-ce celle qui embrasserait sous un seul système

---

(1) *Ibid.*, p. 128-130.

la prétendue philosophie des animaux, des plantes, des minéraux, qui réunirait étroitement sous un commun point de vue, la science de la nature physique et celle de la nature morale, du sujet et de l'objet ? Nous convenons de l'impossibilité d'un tel système ; la vraie philosophie elle-même nous apprend qu'il faut à jamais y renoncer, elle en donne la raison, prise, non pas seulement dans l'histoire, mais dans la nature même de l'esprit humain ou de ses facultés, et ce service seul, en inspirant de la reconnaissance aux sages, devrait imposer silence à ceux qui ne le sont pas. Ainsi, comme dans le premier cas, on demande ce qu'on sait, dans celui-ci, on ne sait ce qu'on demande : ce qui arrive quelquefois aux disciples comme aux ennemis de la philosophie. D'ailleurs si l'on a si abusivement généralisé le mot philosophie en le détournant tout à fait de sa signification première, faut-il s'en prendre à la science même, à laquelle ce nom appartient en propre ? Quand il y aurait une philosophie « des pierres ou des métaux », quand on verrait certains hommes appeler ainsi « l'art de se passer de religion », la doctrine de Socrate, de Platon ou même de Descartes, de Bossuet, de Fénelon, en serait-elle moins vraiment la philosophie ? (1) »

(1) *Ibid.*, p. 175-177.

Sans doute on doit concéder à Biran que la philosophie consiste essentiellement dans la « connaissance des premières vérités psychologiques, morales et religieuses » ; mais on peut estimer qu'il écarte à tort, et pour les besoins de sa cause, une partie importante de la métaphysique qui est la science de la nature. — Cette délimitation une fois opérée, Biran s'attache alors à montrer l'existence de ce que Leibniz avait appelé la *philosophia perennis*. Mais il l'interprète en un sens où se devine l'influence de l'éclectisme naissant.

« Enfin, si sous tel nom qu'on voudra, on exprime une vraie science des choses intellectuelles et morales, il s'agit de savoir s'il existe ou s'il peut exister un système vrai, qui ait réuni ou réunisse encore tous les bons esprits dans une doctrine commune. Ici la question est précise, c'est oui ou non. Consultons l'histoire ou nous-mêmes, nous saurons ce que nous devons répondre ; nous n'aurons point à nous embarrasser des variations perpétuelles ou des écarts, réels ou supposés, des philosophes ; nous n'aurons point à tenir compte de la philosophie des animaux, des plantes, des êtres inanimés ou de celle des athées. En restreignant même un peu plus le sens du mot philosophie, nous nous inquiéterons peu pour le sort de la philosophie « que les opinions de Hume, de Berkeley, de Reid, de Hartley se partagent les esprits de nos voisins les Anglais »; qu'en Allemagne les divers systèmes métaphysiques, qui ont pullulé à la suite de ce grand mouvement excité par le Kantisme, se succèdent rapidement et tombent les uns sur les autres, quoique Leibniz et Kant, dont les doctrines diffèrent sans se contredire, restent debout; nous nous rassurerons même au lieu de nous inquiéter, en voyant le plus sage éclectisme former aujourd'hui le caractère de la philosophie en France, comme il est depuis longtemps celui d'une illustre Académie (celle de Berlin). Au lieu de trouver dans le jugement de notre aéropage de l'instruction, une preuve de la nullité des systèmes, nous y verrons la possibilité reconnue de fonder sur leur accord l'unité même de la philosophie de l'esprit humain. En effet, si « les traités de Bacon comme ceux de Descartes, de Locke comme de Malebranche, de Condillac comme de Leibniz » et de Kant sont également recommandés par le Conseil supérieur qui surveille et dirige l'instruction publique en France, c'est sans doute que les sages qui le composent entendent la philosophie comme l'entendait le sage d'Alexandrie; c'est qu'ils ont profondément jugé que la vraie doctrine philosophique, sans former un système à elle seule, se trouve dans les principaux systèmes qui méritent le titre de philosophie ; qu'elle s'y trouve, il est vrai, unie à diverses opinions ou notions d'espèces différentes ; mais que ces notions même peuvent être utilement comparées, réunies, et qu'il est ensuite facile aux esprits exercés d'en extraire cet ensemble de vérités intellectuelles et morales qui constitue la vraie philosophie de l'esprit humain (1). »

Cependant la diversité des systèmes philosophiques est trop apparente pour qu'elle puisse être niée ; et Biran s'efforce de montrer que cette diversité tient, non à des contradictions fondamentales, mais à des différences de points de vue.

« Ne croyons pas au surplus qu'en prenant le mot philosophie dans cette extrême latitude et cette acception vague qu'on lui donne, ne croyons pas, dis-je, que l'indépendance de la raison humaine qui produit la variété des systèmes, soit une cause réelle des contradictions, des oppositions, dont on cherche à se prévaloir contre la philosophie ; gardons-nous surtout de prendre les différences de points de vue philosophiques pour des contradictions entre les philosophes, et ne prononçons pas légèrement que tous les sys-

(1) *Ibid.*, p. 177-179.

tèmes sont convaincus d'incertitude et d'erreur, parce qu'ils rouleraient sur des choses différentes ou emploieraient des formules diverses pour exprimer des vérités identiques au fond. La nature de l'homme, physique, intellectuelle et morale, est susceptible d'être considérée sous bien des points de vue différents. L'observateur qui s'attache par prédilection à l'un de ces côtés y voit bien ce qui y est, mais non pas ce qui appartient à une autre face. Il est certain par exemple que hors de l'activité de l'intelligence et du vouloir humain, il y a des sensations, des images et des appétits, des passions qui font la loi, et entraînent l'animal dans un cercle où la sensibilité physique imprime le mouvement et réciproquement. Le psychologue prend ces faits pour ce qu'ils sont, mais en voit d'autres d'une espèce supérieure qui se combinent avec les premiers. Le défaut des systèmes, c'est de se donner pour exclusifs, et l'erreur commune aux philosophes comme aux ennemis de toute philosophie, c'est de prendre les différences pour des oppositions (1). »

Si l'on veut aller jusqu'au fond de la pensée de Biran, il faut se rappeler que la philosophie n'est d'après lui

---

(1) *Ibid.*, p. 188-189.

que « le système des premières vérités psychologiques, intellectuelles et morales, et que, d'autre part, ces vérités premières sont *données* immédiatement ; elles proviennent non d'une démonstration, mais d'une intuition. Aussitôt que l'homme se recueille, il les saisit par une aperception soudaine, qui devance tout raisonnement. Aussi Biran dira-t-il d'une manière très heureuse qu'elles sont comme « l'instinct des êtres intelligents et moraux ». Voilà ce qui explique en définitive l'unité fondamentale des systèmes philosophiques à travers les âges.

Parmi ces vérités premières, Biran range « les faits de sens intime qui attestent immédiatement à chaque homme son existence individuelle, sa libre activité constitutive, sa causalité dans les actions volontaires, sa dépendance d'une cause dans les impressions passives, le bien et le mal, le juste et l'injuste, la loi du devoir, le mérite et l'existence réelle d'une cause suprême intelligente... ». On le voit, la loi morale, l'existence de Dieu, et l'immortalité de l'âme, qu'il y ajoutera plus tard, sont affirmés par lui comme des données expérimentales, au même titre que l'activité du *moi*. Et l'on constate tout à la fois et l'extension de la doctrine du psychologue et l'accord de ces vues nouvelles avec ce qu'il enseignait depuis 1805. Il avait fondé sa psychologie sur un fait primitif : la causalité du *moi* saisie dans l'effort volontaire ; voilà que la morale et la religion s'appuient, elles aussi, sur des faits primitifs : le devoir, Dieu, l'immortalité. Ce rapprochement nous permet de mieux comprendre pourquoi il revient si souvent à sa formule favorite de la philosophie conçue comme science de la personne *moi* et de la personne *Dieu;* mais il marque en même temps le progrès de son évolution religieuse.

Reste une difficulté, qui provient de la terminologie employée. Tantôt, ces vérités paraissent être, d'après lui, l'objet d'un *sentiment* immédiat; et il paraîtrait se rapprocher alors de l'Ecole écossaise; tantôt il les rapporte à la raison pratique, et les désigne sous le nom de croyances; et alors il semble adopter les théories de Kant. Il nous semble cependant, malgré cette variété d'expressions et de nuances, qu'elles relèvent, selon lui, d'une intuition, d'un acte proprement intellectuel, et non de la raison discursive : ce qui lui permet de se dire d'accord à la fois avec Kant, Descartes et Pascal. A la vérité, c'est surtout la doctrine de Pascal qu'il partage, le passage suivant de sa réponse à de Bonald ne fait guère que développer la formule pascalienne : « Nous avons une impuissance de prouver invincible à tout le dogmatisme; nous avons une idée de la vérité invincible à tout le pyrrhonnisme. »

« Il y a dans l'esprit humain deux tendances différentes, mais non opposées, et qu'on chercherait vainement à détruire ou à sacrifier l'une à l'autre. C'est le besoin de croire les vérités premières et nécessaires, indépendamment de tout examen, de toute preuve, et le besoin d'examiner ou de chercher des preuves à tout ce que l'on croit ou qu'on affirme. N'admettez qu'une de ces tendances et vous n'aurez ou qu'un scepticisme absolu, ou qu'une crédulité aveugle et superstitieuse. Tout croire sans examen lorsqu'il s'agit d'un certain ordre de vérités placées hors de la sphère du raisonnement et non de la raison, repousser toute croyance qui ne peut être prouvée, sont deux extrêmes également opposés aux lois de l'esprit humain. Entre ces deux extrêmes vient se placer la vraie philosophie qui prend l'esprit humain tel qu'il est, intégralement et sans mutilation. La philosophie, ou la science de la sagesse fixe les limites de la raison et fait la part de ses croyances.

« Il se peut que le meilleur temps pour les sociétés humaines ait été celui où des vérités d'un certain ordre n'étaient jamais contestées ou mises à l'épreuve du doute ou de l'examen, où les hommes pouvaient bien être entraînés par les passions à violer les lois de la morale, mais ne cherchaient pas du moins à justifier leurs écarts et leurs vices par des arguments sceptiques, opposés aux premières vérités de la religion et de la morale, destructifs de cette noble fermeté de croyance, à laquelle se rattachent comme à leur source tous les sacrifices, toutes les vertus publiques et particulières. Mais lorsque la raison humaine a étendu et dépassé ses bornes légitimes, lorsqu'une philosophie sophistique, ou une métaphysique audacieuse, ont tout mis en discussion, jusqu'aux bases mêmes de la science comme de la sagesse, ce ne sera point en proscrivant tout examen qu'on ramènera les hommes aux croyances nécessaires ; ce sera, au contraire, par un examen sérieux et approfondi de la nature intellectuelle et morale, ou par la vraie philosophie, par la raison même se rendant compte de ses moyens, de ses procédés, de ses lois, et cherchant elle-même à déterminer ses propres limites. Et l'on conviendra que ces points d'arrêt, que la raison s'impose à elle-même, en employant toutes les forces de l'abstraction et du raisonnement à reconnaître les limites où ses facultés n'ont plus d'autorité ni d'application légitime, on conviendra dis-je, que ces bornes sont autrement fixes quand la raison les a posées, que si une autorité quelconque tendait à les élever. Ici, comme ailleurs, la maturité d'examen, la liberté du consentement et du choix servent à fonder l'obéissance et le respect pour la loi. Que les antagonistes de la métaphysique, quels qu'ils soient, apprennent donc à honorer le philosophe qui a le premier élevé une barrière infranchissable entre la science, dont il sonda si avant les profondeurs, et le sanctuaire des premières vérités religieuses et morales dont il montra la sanction dans la conscience et le sentiment.

« C'est bien vainement au surplus qu'on cherche à mutiler l'esprit humain en lui interdisant l'exercice d'une faculté d'examen qui, étant dans sa nature, n'est susceptible d'aucune limitation prescrite *a priori* ou avant l'expérience, car l'expérience seule peut en manifester les abus ou les inutilités, quand elle est appliquée hors de sa sphère. Ceux qui prétendent soustraire ainsi *ex abrupto* à la juridiction de la raison humaine certains dogmes qu'ils ordonnent de croire et qu'ils défendent d'examiner ne sont pas mieux fondés que ceux qui s'obstinent à méconnaître les bornes nécessaires de la raison en rejetant tous les principes de croyances qui ne sont pas susceptibles de preuves ou de démonstration.

« Entre ces deux extrêmes vient heureusement se placer la vraie philosophie qui, faisant valoir la raison selon toute l'extension de son droit, se sert de la raison même pour faire la part de la croyance et de la science : commence par tout examiner, tout mettre en discussion, distingue par là-même les vérités premières des objets qu'il est également impossible de démontrer dans la spéculation et de ne pas croire dans la pratique. D'où cette conclusion éminemment philosophique qu'on n'est en droit de tirer qu'après un examen critique et très approfondi de la raison humaine, et non pas par l'énumération historique plus ou moins incomplète de ses écarts : Commencer par tout examiner, tout discuter, tout soumettre à la raison spéculative pour apprendre à reconnaître ce qui doit être adopté par la raison pratique à titre de vérité première, de notion universelle ou de fait primitif indémontrable ; employer toutes les forces de l'abstraction et du raisonnement métaphysique pour convaincre d'impuissance la métaphysique elle-même et rétablir l'autorité des croyances primitives qu'elle tend si vainement à usurper : tel est le caractère de cette philosophie créée par Descartes et que Kant a poussée à un degré nouveau de profondeur et d'élévation (1) ».

Il est maintenant aisé de comprendre comment se résout pour Maine de Biran le problème des relations de la foi avec la raison. A vrai dire, de Bonald n'a pas donné de solution à ce problème; il a nié qu'il existât. Lui aussi, après beaucoup d'autres, a jugé utile à la cause religieuse qu'il servait de rabaisser la raison. Ainsi diminuée, quelle puissance aurait-elle pour s'attaquer à la

---

(1) *Ibid.*, p. 197-200.

foi! Méthode apologétique éminemment simpliste, et plus dangereuse encore que simple. Peut-on croire sérieusement avoir supprimé les exigences rationnelles de la pensée du croyant; et n'a-t-on pas toujours, en fait, préparé avec cette méthode, dans l'histoire de l'apologétique, une formidable réaction du rationalisme ?

Biran voit bien le danger et il le signale en marquant combien ce procédé pourrait être nuisible à la morale et à la religion. Il est d'ailleurs amené, en discutant les théories de Bonald, à faire la part de ce qui lui paraît vrai, c'est ainsi qu'il distingue deux révélations, l'une extérieure, par laquelle Dieu a manifesté à l'origine certaines vérités, l'autre intérieure, qui est la manifestation, déjà décrite, par la conscience, des premières vérités psychologiques, morales et religieuses. Le problème de l'accord de la raison et de la foi se trouve donc ramené à la question du rapport de ces deux révélations.

« Philosophiquement parlant (puisqu'il s'agit de recherches philosophiques), nous sommes autorisés à distinguer deux sortes de révélations : l'une, qui est uniquement du ressort de la foi ou de l'autorité de la religion, est extérieure à l'homme et fondée sur des moyens extérieurs, des signes parlés ou écrits ; l'autre qui est du ressort de la raison ou de l'autorité seule de l'évidence, qui, loin d'exclure la religion, se concilie si heureusement avec elle, est tout intérieure, et peut se faire entendre sans intermédiaire à l'esprit et au cœur de l'homme.

« Montrons par des exemples comment cette distinction peut être justifiée.

« Après le meurtre d'Abel, Caïn entend la voix du Tout-Puissant qui lui crie : *Qu'as-tu fait de ton frère ? La voix de son sang s'est élevée de la terre vers moi ;* et ces paroles terribles révèlent au premier des coupables humains, et l'horreur du crime et sa condamnation écrite dans le ciel même. Nous croyons, sur l'autorité des livres sacrés, cette révélation extérieure ; mais Dieu n'eût-il parlé à Caïn que comme il parle aujourd'hui à ses coupables descendants par cette voix intime de la conscience que tout violateur de la loi du devoir entend au fond de lui-même, sans qu'aucun son articulé frappe son oreille, sans même qu'une loi écrite retrace à ses yeux et à sa pensée les caractères distinctifs du bien et du mal, cette révélation, pour être intérieure, en serait-elle moins divine, moins universelle, moins immuable ? — Que, selon la révélation extérieure, tout l'appareil sensible de la puissance et de la majesté divine soit employé pour apprendre au peuple choisi qu'il doit adorer et aimer Dieu, honorer père et mère, s'abstenir du meurtre, du vol, du faux témoignage, ces commandements, sans avoir été gravés sur des tables dont Dieu inspira les termes, eussent-ils été gravés seulement, comme ils le sont, *dans la conscience de tout homme venant au monde*, la source en serait-elle moins divine ?

« En général, que dans un ordre surnaturel nous croyions que Dieu ait employé primitivement le langage humain pour parler à l'homme, ou que dans l'ordre naturel, qu'il nous est donné de concevoir et de connaître, Dieu parle uniquement aux esprits, par des lumières innées ou infuses en eux dès la création, et aux cœurs, par des inspirations qui n'ont pas besoin de l'intermédiaire de la parole pour se manifester ; que l'esprit seul et toutes ses puissances ou facultés ressortant ainsi immédiatement de Dieu qui l'a donné, la lettre parlée ou écrite ait été donnée en même temps ou livrée aux conventions des hommes ; que dans l'ordre même des miracles, le plus surnaturel pour l'homme, Dieu ait agi d'une manière miraculeuse immédiate, en changeant ou suspendant les lois de la nature, soit physique, soit morale, faisant paraître dans le ciel ou sur la terre des prodiges dont il a révélé le secret à ses prophètes, ou que le grand Être ayant tout prévu, tout préordonné dès l'origine, dans l'acte unique de la création, ait déposé en même temps soit dans la nature, soit dans certaines âmes privilégiées, les germes des idées propres à les représenter, comme dans un tableau prophétique ; ces deux révélations dont l'une est fondée sur l'autorité de la parole extérieure, l'autre sur l'autorité de l'évidence intérieure, devront s'offrir à tous les esprits éclairés de vraies lumières comme ayant même source et même objet, ou un même but essentiel, et ne peuvent différer entre elles que par le *moyen* qu'il a plu à Dieu de choisir pour se révéler à l'homme et l'éclairer de ses lumières.

« En effet, si comme nous l'enseigne la vraie philosophie, Dieu est l'objet immédiat de la raison, si la notion d'une cause suprême de qui nous dépendons vient presque s'identifier avec le fait primitif de notre existence personnelle, si c'est une vérité première et dont il est impossible de douter que toutes les facultés de l'âme humaine viennent de cette cause suprême : que Dieu ait agi dans le temps sur l'homme ou sur tels hommes pour leur communiquer immédiatement certaines idées avec certains signes, ou qu'ayant donné à l'homme les facultés appropriées, il les ait livrées soit à leur activité propre, soit à l'influence des causes secondes qui devaient les développer ; dans le premier cas, la révélation extérieure, dans le second, la révélation intérieure, ont évidemment la même source, et l'objet et le but de ces deux révélations se trouvent encore les mêmes ; car Dieu, son existence, sa loi ou la loi du devoir, universelle ou immuable comme lui, la liberté ou l'activité de l'âme humaine identifiée avec le fait primitif de son existence personnelle, par suite sa responsabilité devant le juge suprême, son immortalité, ses espérances seront des vérités premières communes aux deux révélations qui auront ainsi même objet, même but essentiel.

« Reste donc la différence dans les moyens des deux révélations dont l'une emploierait les signes matériels ou sensibles, tandis que l'autre se fonderait sur le fait des idées, du sens inné primitif, de prénotions ou de germes déposés dans l'âme par celui qui l'a créée, et développés en elle, soit par le concours des causes secondes préparées dans l'ordre immuable de la nature ou de la Providence, soit par l'activité libre de l'âme dans l'ordre de la nature intellectuelle et morale, soit enfin par d'heureuses et ineffables inspirations dans l'ordre de la grâce.

« Le philosophe et le théologien considèrent, chacun sous le point de vue qui leur est propre, ces deux sortes de révélations, et s'ils sont d'accord, comme ils doivent l'être, sur leur objet et leur fin commune, ils n'auront point à disputer sur la nature des moyens que Dieu a pu choisir pour révéler à l'homme et son existence et sa loi...

« Encore une fois donc il ne peut y avoir aucune opposition essentielle entre les deux sortes de révélations ou de moyens que Dieu a choisis pour faire connaître à l'homme son existence, sa loi ou la vraie science, la vraie sagesse qui vient de *lui*, qui est lui-même (*ego sum via et veritas*). Ces deux révélations n'ayant qu'un seul objet, qu'un seul but essentiel, les moyens ne peuvent différer entre eux que comme l'homme extérieur diffère de l'homme intérieur, ou comme le sens et l'imagination anthropomorphite diffèrent de l'intellect pur (1). »

Il pourrait paraître d'abord que, dans cette discussion, tout l'avantage est du côté de Maine de Biran qui défend, contre de Bonald, les droits de la raison, sans nier le fait de la révélation chrétienne. Bien plus il semble que tout conflit a disparu entre les deux anciens antagonistes, et l'on ne comprend même plus comment on a pu croire à un vrai désaccord, tant la solution apportée par Maine de Biran avec sa théorie des deux révélations

(1) *Ibid.*, p. 111-115.

paraît simple. Mais, en réalité, Biran, a lui aussi supprimé le problème ; et si de Bonald fait tout dépendre de la foi, au fond, Biran ramène tout à la raison ; et il reconnaît bien sans doute deux révélations, mais dont aucune ne répond à la conception chrétienne. En affirmant qu'elles ont même objet, et même but, ce n'est pas un accord qu'il constate, mais bien une identité ; et cette identité n'est possible que par l'élimination de l'élément strictement surnaturel. Dans la révélation qu'il nomme extérieure, il ne voit que la promulgation faite par Dieu de certaines vérités morales et religieuses, en droit connaissables par la raison, en fait manifestées par Dieu pour leur donner plus d'autorité. La révélation dont il parle est exclusivement une révélation *morale*; et par là il devance le protestantisme libéral contemporain pour qui le christianisme est, non une doctrine intellectuelle, un Credo de croyances à recevoir, mais uniquement une forme supérieure de vie morale à réaliser. Maine de Biran a donc éliminé, sans même le discuter, ce qui constitue à nos yeux, l'essentiel de la Révélation, ce que les théologiens catholiques appellent son objet *primarium*, la manifestation de vérités surnaturelles, de mystères, la révélation *dogmatique*. Quant à celle qu'il qualifie d'intérieure, ce n'est que par métaphore qu'il peut l'appeler révélation : il n'y faut pas voir autre chose, d'après ses explications, que l'aperception par la conscience des premières vérités.

Mais la pensée de Biran ne va pas s'attacher longtemps à cette conception. Le travail dont nous venons de donner des extraits date de septembre 1818 ; et trois mois après, le *Journal intime* porte cette indication : « Du 1ᵉʳ au 10 décembre : j'ai employé ce temps, en partie, à la composition d'un morceau de philosophie mystique sur les deux révélations, adressé à M. Stapfer, en réponse à la question : « Les anciens philosophes ont-ils reconnu la nécessité d'une révélation divine? » — Cousin a ajouté une partie notable de cette rédaction à la publication faite par lui des *Nouvelles considérations sur le rapport du physique et du moral de l'homme.* En voici quelques extraits pour marquer l'évolution déjà accomplie dans la manière d'entendre la révélation intérieure.

« Au-dessus de la sphère d'activité de l'âme humaine, et de toutes les facultés d'entendement ou de raison qu'elle embrasse, s'élève une faculté créatrice, dont les caractères et les produits attestent une origine plus haute, et portent avec eux le gage et comme le pressentiment d'une nature immortelle.

« Cette faculté supérieure n'a rien de proprement actif : on pourrait donc, sous ce rapport, la comparer aux facultés sensitives, si la sublimité de sa forme, de son objet et de ses produits ne mettaient entre elle et cette nature inférieure toute la distance qui sépare le ciel de la terre, l'infini du fini.

« Tous les philosophes qui ont pénétré un peu avant dans les profondeurs de l'âme humaine, ont signalé, sous divers titres, ce côté pour ainsi dire divin de notre nature.

« On trouve des notions relatives à cet ordre supérieur de facultés, établies, dès le premier âge de la philosophie, dans les Écoles de Pythagore et de Platon.

« Les métaphysiciens de l'École d'Alexandrie fondaient sur la même base leurs doctrines mystiques des émanations ou des communications surnaturelles des âmes entre elles et avec Dieu d'où elles sortent. »

Suit une citation de Proclus, et une autre de van Helmont, où il est question d'un mode de connaissance supérieur aux procédés ordinaires de l'intelligence humaine.

« Quant au point de doctrine, savoir : si les anciens philosophes ont senti le besoin ou reconnu la nécessité d'une révélation divine, il faut bien s'entendre sur la nature, le caractère et l'objet de cette révélation, telle que pouvaient la concevoir ou l'entendre des philosophes éclairés par les seules lumières de la raison.

« J'ai eu occasion de traiter cette question qui

m'avait été proposée par un savant ami (1), aussi distingué par ses hautes connaissances philosophiques que par son amour éclairé de la religion et de la morale.

« Je donnerai ici un extrait assez long de ma réponse à cette grande et belle question.

« Je demande d'abord qu'on distingue les idées ou les notions pures de l'entendement, de quelque manière que lui viennent ces idées, soit qu'on prétende les dériver des sens (et de quels sens ?), soit qu'on les suppose comme innées, soit qu'on les admette primitivement révélées par la parole ou avec la parole même (Logos), d'avec le sentiment qui s'attache à ces notions, les transmet de l'esprit au cœur, et les approprie ainsi véritablement à notre nature morale. Quelle que soit, en effet, la croyance sur l'innéité ou la révélation ou le mode quelconque de manifestation et de réceptivité des idées ou notions de l'esprit, toujours faut-il reconnaître que ce sentiment ne peut être que suggéré ou inspiré à l'âme qui se sent incapable de se modifier elle-même par un exercice quelconque de son activité.

« Cette distinction qui tient au fait même de conscience, se trouve marquée dans les livres de Platon, et dans nos divins Évangiles.

(1) M. Stapfer.

« Commençons par ceux-ci :

« Dans l'Evangile de saint Jean, Jésus-Christ dit à ses apôtres : « Cet esprit de vérité que le monde ne peut recevoir et ne conçoit pas parce qu'il ne le voit pas, vous le connaîtrez parce qu'il viendra et restera en vous... »

« Et plus bas : « Telles sont les paroles que je vous ai fait entendre, mais l'Esprit-Saint (le Paraclet) que vous enverra mon Père, vous les enseignera véritablement; seul il pourra suggérer à vos âmes le vrai sens des paroles que vous aurez reçues par ma bouche. »

« Telles sont les traits frappants de cette révélation intérieure qui consiste dans le sentiment ineffable suggéré à l'âme, et non pas seulement dans l'idée ou la parole qui s'adresse uniquement à l'entendement. Ici est la lettre, là est l'esprit qui vivifie.

« Quel que soit cet ordre de vérités, notions ou idées intellectuelles, il y a toujours lieu de demander si elles sont ou ne sont pas des produits de la raison ou de l'activité propre et naturelle de l'esprit humain. Mais l'homme sait par conscience qu'il ne se donne pas ou que son âme ne se suggère pas à elle-même ces sentiments ineffables du beau, du bon, de la vertu, de l'infini, de la Divinité : la cause, la source de ces hautes suggestions ne peut être subjective ; elle tient à une nature plus élevée que les sensations et les idées de l'esprit, plus haute que tout ce qui est fini.

« Les sages qui puisèrent au fond de la conscience les premières vérités religieuses et morales durent y trouver aussi cette distinction évidente entre les données et les produits de la raison humaine et les sentiments ou les inspirations de l'âme.

« On trouve dans les *Dialogues* de Platon une foule de passages qui font allusion à cette sorte de suggestion ou de révélation intérieure ; mais le disciple de Socrate, non plus que son maître, ne pouvait entendre cette révélation que dans le sens de l'esprit, et non point selon la lettre positive que la religion nous enseigne.

« C'est en effet par les lumières naturelles ou par la meilleure et la plus haute direction des facultés intellectuelles et morales de notre nature que Socrate paraît s'être élevé aux notions du vrai Dieu, de l'âme immortelle et libre, du bien et du mal moral... »

Suit une application de la dialectique platonicienne à la connaissance des vérités morales.

« Revenons à notre sujet. Si les objets intelligibles (l'être, l'âme, la substance, la cause, etc.)

sont en nous, en tant que nous sommes conscients de nous-mêmes ; si la lumière appropriée à ces objets, ou Dieu lui-même, est présent à l'âme, alors même qu'elle ne le voit pas ou ne le cherche pas ; s'il est vrai, dans le sens platonique, que l'idée du souverain bien et par elle celle de tous les êtres intelligibles, les vérités absolues, universelles, nécessaires, soient innées ou infuses à notre âme, de telle sorte qu'en entendant pour la première fois, les paroles ou les signes qui les expriment, l'âme ne fasse que s'en ressouvenir ou en avoir la réminiscence, loin d'en recevoir la science du dehors ; il n'est donc pas besoin d'une révélation directe, extérieure et temporaire, qui ait en vue, relativement à cet objet, quelqu'une de ces vérités premières, apanage de notre nature. Au contraire toute la doctrine de Platon sur les *idées*, et particulièrement la comparaison du soleil avec le souverain bien (qui est comme le symbole de cette doctrine) serviraient plutôt à prouver que les premiers sages n'ont eu aucune idée de la nécessité d'une révélation, ou d'un enseignement direct, accordé aux hommes par la Divinité, qui n'aurait pu à cet égard que leur révéler ce qu'ils savent d'eux-mêmes par les lumières naturelles, et comme par réminiscence d'un état antérieur.

« Mais il n'en est pas de l'inspiration ou de la suggestion du sentiment qui approprie les vérités à l'âme, comme de la lumière pure qui les montre à l'esprit, lorsqu'il se tourne vers elle, en écartant les obstacles, les images, les sensations, les passions, etc.

« La lumière est constamment présente à nos âmes, il ne faut qu'un certain degré d'activité qui dépend de nous pour apercevoir nettement les objets qu'elle éclaire. Mais l'esprit souffle où il veut ; nous ne pouvons nous inspirer à nous-mêmes le sentiment ou l'amour du souverain bien, comme nous pouvons concevoir ou remémorer son idée, pour l'exercice de notre libre activité. Nous ignorons complètement les moyens dont Dieu se sert pour cette inspiration ou cette révélation tout intérieure par laquelle il se communique à nous, et nous unit à lui plus intimement. Cette suggestion divine n'est pas donnée à toutes les âmes, ni à la même âme constamment et en tout temps. Quelquefois elle nous saisit subitement et nous ravit au troisième ciel, et l'instant après elle nous abandonne et laisse l'homme retomber de tout son poids vers la terre. C'est là, et là uniquement, qu'éclate l'action immédiate de la Divinité sur l'âme humaine. C'est à cette source que tous les philosophes religieux en ont puisé l'idée et l'intime conviction, on la reconnaît surtout dans les pages d'inspiration que Fénelon a écrites sur l'amour divin, qui se réfèrent parfaitement aux passages cités des *Dialogues* de Platon...

« La principale merveille que Dieu fait en nous, dit Fénelon, c'est de remuer notre cœur comme il lui plaît, après avoir éclairé notre esprit : il ne se contente pas de se montrer infiniment aimable, mais il se fait aimer en produisant par sa grâce son amour dans nos cœurs.

« Ce n'est pas seulement (ajoute ce philosophe du cœur) la loi extérieure de l'Évangile que Dieu nous montre par la lumière de la raison ou de la foi. C'est son esprit qui parle, qui nous touche, qui opère en nous et qui nous anime ; en sorte que c'est cet esprit qui fait en nous et avec nous tout le bien que nous faisons, comme c'est notre âme qui anime notre corps et en règle les mouvements. »

« Voilà le démon ou l'esprit de Socrate, la révélation intérieure, dont les anciens philosophes ont senti et exprimé le besoin. »

De celui qui a écrit ces lignes on ne peut nier qu'il ne soit vraiment et profondément religieux. La vie religieuse ne lui apparaît pas comme une nécessité sociale ou même seulement comme un besoin de l'âme, elle est une réalité vécue qu'il s'efforce d'expliquer et de justifier. Appréciant la note que nous avons en partie reproduite ci-dessus, M. Ernest Naville déclare y trouver la « mention expresse d'un ordre de faits supérieurs à l'activité individuelle, la reconnaissance explicite d'une action immédiate de la Divinité sur l'âme humaine, enfin une préoccupation assez marquée des doctrines des philosophes de l'antiquité, de l'Écriture Sainte et des écrivains de l'Église. Ce sont là, ajoute-t-il, dans les écrits connus de M. de Biran autant de faits exceptionnels. »

Il y a bien en réalité quelque chose de changé dans la pensée de M. de Biran : sans doute il n'est pas encore parvenu au christianisme, et il lui faudra plusieurs années de méditations et de maladie douloureuse pour arriver jusqu'au parvis du temple, mais déjà s'est éveillée en lui l'idée d'une vie supérieure à celles qu'il avait auparavant reconnues : et au-dessus de la vie animale et de la vie humaine qu'il distinguait depuis si longtemps, il va placer une forme d'activité nouvelle, celle qu'un chrétien appelle la vie de la grâce, et qu'il désigne, lui, sous le nom de *vie de l'esprit*.

CHAPITRE III

LA VIE DE L'ESPRIT

C'est désormais au *Journal intime* qu'il faut recourir pour suivre cette évolution religieuse qui va s'accélérant. Les descriptions données par Biran de ces phénomènes dont l'ensemble constitue cette troisième vie — la vie de l'esprit — ont le caractère d'une confidence. L'auteur ne raconte pas ce qu'il a lu, mais ce qu'il a éprouvé. Sans doute la lecture des mystiques dont il nourrit son âme a bien pu l'éclairer, en lui manifestant des expériences analogues à la sienne ; mais c'est en lui qu'il constate ces faits, qu'il les observe, qu'il les analyse, de cette analyse puissante et subtile dont il a la longue habitude. Et ceci vaut d'être remarqué. Il y a dans le mouvement de la pensée de Biran, et malgré les transformations par où elle passe, une sorte de continuité logique, qui provient de la continuité de la méthode. Penché sur lui-même, à mesure que l'observation plus attentive, dans le calme des sens et de la vieillesse commençante, lui révèle des faits nouveaux, il les note scrupuleusement ; et son effort se tourne à remanier ses théories pour les adapter à ses nouvelles expériences.

En lui, c'est toujours le psychologue qui domine ; et il semble n'avoir rien tant à cœur que d'affirmer le caractère scientifique, strictement expérimental, de ses investigations. « Il est impossible, écrira-t-il, de nier au vrai croyant qui éprouve en lui-même ce qu'il appelle les effets de la grâce, qui trouve son repos et toute la paix de son âme dans l'intervention de certaines idées ou actes intellectuels de foi, d'espérance et d'amour... il est impossible, dis-je, de lui contester ce qu'il éprouve... »

Mais il entend bien n'être pas dupe d'une illusion ; et l'adhésion qu'il est sur le point de donner au christianisme, il la veut raisonnable et raisonnée. Aussi le voit-on dans le *Journal* se poser à lui-même des objections, tirées de sa doctrine ou de ses observations antérieures ; et cette lutte, qui n'est nullement chez lui la lutte de l'esprit contre la lumière, ne fait que mettre en relief plus saisissant la droiture de son âme et son admirable sincérité.

(18 déc. 1818) « L'homme s'offre aux autres et à lui-même, comme dans une perspective qui a plusieurs plans reculés les uns derrière les autres. J'en distingue trois bien particulièrement. Le premier fait saillie au dehors : je ne suis rien pour moi en moi-même ; je songe à paraître aux yeux des autres, je suis en eux et rien que par eux. Dans la seconde perspective, je me sépare

du monde extérieur pour le juger, mais j'y tiens comme à l'objet ou au terme de toutes les opérations de mon esprit. Dans la troisième, je perds tout à fait de vue le monde extérieur et moi-même ; et le monde invisible, Dieu, est l'objet ou le but de ma pensée. Le *moi* est entre ces deux termes. Ainsi les extrêmes se touchent ; la nullité d'efforts ou l'absence de toute activité emporte la nullité de conscience ou de *moi*, et le plus haut degré d'activité intellectuelle emporte l'absorption de la personne en Dieu, ou l'abnégation totale du *moi* qui se perd de vue lui-même. »

(28 décembre). « L'âme peut trouver en elle-même ou dans la pensée de Dieu, de l'infini, des moyens de force, d'élévation et de paix qui restent les mêmes quand la machine s'affaisse et que tout l'organisme tend au découragement, à la tristesse, à l'ennui. Voilà où il faut tendre au lieu de se livrer, comme je l'ai fait jusqu'ici, aux impressions instinctives qui font toute ma vie, même intérieure. Je me livrais à l'attrait de ces impressions, j'étais heureux par elles ; d'autres ont succédé ; il faut chercher la force ailleurs. Dans mes meilleures dispositions, j'ai été jusqu'ici seul avec moi-même. « Pauvre conseil où Dieu n'est pas, dit Fénelon. La pensée de Dieu opère toujours la sortie de nous-mêmes, et

c'est ce qu'il nous faut. » Comment concilier cela avec ma doctrine psychologique du *moi?* »

(2 janvier 1819) « Tout ce que notre volonté ne fait pas, tout ce que nous apercevons dans nos idées, ou sentons en nous-mêmes comme indépendant de notre action présente ou passée, et de tous nos pouvoirs, nous pouvons bien l'attribuer à Dieu. Mais, réciproquement, ce que nous apercevons ou sentons le produit actuel ou virtuel de notre force propre ne saurait être attribué à Dieu, cause créatrice suprême, en qualité de cause efficiente. A cet égard, la métaphysique doit se fonder sur la psychologie. Qu'on dise que Dieu seul produit en nous son idée, à laquelle notre esprit fini ne saurait s'élever par ses propres forces, que la grâce produit aussi, en nous, les bons mouvements affectifs qui remplissent le cœur de son amour ; mais qu'on ne dise pas que c'est Dieu qui effectue les actes de liberté que nous nous approprions, que nous sentons comme des produits de notre effort voulu. Il y a, à ce sujet, une grande confusion d'idées parmi les métaphysiciens, précisément parce qu'ils n'ont pas senti le besoin de fonder la philosophie sur les faits, d'expérience intérieure. »

Cette préoccupation que trahit ici le *Journal* est au fond celle-là même qui, toute sa vie, a retenu l'attention de Biran. Lorsque, dès sa jeunesse, et dans ce qu'il appelle son étonnement de vivre, il s'est posé la question du rapport du physique et du moral, savoir ce que peut ou ce que ne peut pas la volonté sur les états internes, lui paraît le plus important, mais aussi le plus difficile problème qui soit. Longtemps il s'est demandé quel est le rapport exact de la vie animale et de la vie humaine : maintenant la même question se présente, bien que transposée : quelle relation existe-t-il entre la vie humaine et la vie de l'esprit ? Le stoïcisme a été écarté, comme doctrine morale, parce qu'il était contraire à notre vraie nature, et exagérait le pouvoir de la volonté ; et maintenant Biran se demande avec inquiétude s'il ne sera pas conduit à repousser la doctrine religieuse du christianisme qui lui semble annihiler le pouvoir volontaire. On le voit, il se heurte ici au si obscur problème de la conciliation de l'efficacité de la grâce et de la liberté humaine ; et la difficulté s'augmente d'autant plus pour lui qu'il a fait reposer la personnalité sur la conscience de cet effort volontaire.

(25 mai 1819) « La nature humaine ayant été corrompue par le péché du premier homme, la peine de cette corruption est passée dans tous les hommes ; c'est ce qui nous oblige de combattre sans cesse les mouvements déréglés de la nature pour suivre ceux de la grâce. Sans la grâce, l'homme n'est rien qu'un bois sec, un tronc inutile, bon à jeter au feu. La grâce est néces-

saire pour commencer le bien, le continuer et l'achever.

« Suivant cette doctrine, la volonté (qui est tout dans le système des stoïciens) n'est rien ou ne peut rien par elle-même ; l'homme reçoit tout par inspiration. Je conçois que le christianisme et le stoïcisme pourraient être conciliés dans ce sens que l'homme, usant de sa liberté ou de son activité morale propre, commencerait à opérer de lui-même le bien que sa raison lui montre, en luttant contre les passions ; mais il ne pourrait aimer le souverain bien, s'y attacher constamment, ni s'élever à lui parfaitement, sans le secours d'une grâce spéciale que Dieu lui accorderait comme récompense de ses efforts propres Autrement il est impossible de concevoir la justice suprême appliquée à l'homme ; il semble que Dieu choisisse arbitrairement et sans motif ceux qu'il lui plaît d'orner de toutes les perfections en abandonnant les autres à toutes les misères de l'humanité. *Placita enim erat Deo anima illius* (1). Pourquoi une âme qui n'a encore rien fait pour le bien est-elle plus agréable à Dieu qu'une autre ?... »

(Saint-Sauveur, 22 septembre) « Tout ce qui

---

(1) *Sagesse*, IV, 14.

nous peut arriver de favorable vient de Dieu, et non pas de nous-mêmes, êtres inconstants et faibles qui ne sommes que vanité, néant et poussière devant Dieu. De quoi donc puis-je me glorifier, et à quel titre désiré-je être estimé des hommes ?

« Cette abnégation de soi-même et de tout ce qu'il y a de terrestre, de sensible ou d'humain en nous et hors de nous, est le caractère propre et éminent de la philosophie chrétienne, à laquelle, sous ce rapport, nulle autre ne peut être comparée, et qui surpasse tout ce que la philosophie des anciens a de plus élevé. Le christianisme pénètre bien plus avant dans le cœur de l'homme, il lui révèle bien mieux tout le secret de sa faiblesse que la philosophie tend à lui cacher : et seul lui apprend où il trouve une force qui n'est pas en lui, puisque, évidemment, il ne dépend pas de lui-même, et que ce qui le constitue *lui* à titre de force *sui juris*, peut disparaître ou s'évanouir à chaque moment, sans qu'il puisse l'empêcher, comme il arrive dans le sommeil, la défaillance, les maladies, la caducité.

« Observons les divers degrés de perfection dont notre nature est susceptible, et dont la vraie philosophie ne peut s'empêcher de tenir compte exactement, au lieu de s'arrêter au degré le plus bas et au dernier ordre de facultés, comme si c'étaient là nos limites. C'est dégrader l'homme, c'est l'anéantir, que de ne voir en lui que des facultés sensitives et de tout rattacher à l'organisme, comme s'il n'y avait pas une force active, libre, indépendante du *fatum*, force qui a ses lois propres, élevées au-dessus de la nature. Ceux qui considèrent le *moi* hors des sensations ou supérieur à elles, commencent à entendre l'homme, mais s'ils ne remontent pas plus haut, ils ne le voient encore que par un de ses côtés inférieurs. Pour le mieux entendre, il faut remonter plus haut. Il faut que le *moi* se considère lui-même comme étant par rapport à Dieu (ou à la force suprême dont il dépend quant à l'origine et au fond de son être) ce qu'il est, lui, par rapport au corps ou au mouvement du corps qu'il commence par sa propre force. Lorsque l'homme se considère ainsi par rapport à Dieu, il apprend à rapporter à cette source de tout bien ce qu'il sent en lui-même de bon, d'agréable, de conforme à l'ordre, enfin toutes ces dispositions heureuses et ces bons mouvements, ces élans de l'âme vers la vérité que l'homme ne fait pas, et dont il sait bien qu'il n'est pas la cause efficiente, comme il est cause des mouvements volontaires de son corps, ou des opérations actives de son esprit.

« Mais ici se présente la plus grande et la plus difficile question de la philosophie : Qu'est-ce que l'homme peut par lui-même ou par la seule force propre de son âme, et qu'est-ce qu'il ne peut pas absolument par son effort propre, bien qu'il puisse l'obtenir en le demandant à celui qui peut tout, en s'y préparant par des actes qui dépendent de lui ? Tous les philosophes, même les chrétiens, me semblent ici être en défaut. Tous donnent trop ou trop peu à la volonté ou à l'activité de l'homme. Les docteurs en théologie qui prêchent l'abnégation absolue du *moi*, semblent aller quelquefois jusqu'à détruire la liberté de l'homme, à lui ôter tout mérite propre pour le placer, comme un être passif, sous la main de Dieu qui le remue d'une manière mystérieuse, et, ce semble, arbitraire. Mais si nous obtenons certaines grâces pour des choses que nous ne pouvons nous donner, c'est que nous les avons méritées par un bon emploi de l'activité qui est en nous. Au surplus, il vaut bien mieux pour l'homme qui se place sous la main de Dieu qu'il s'exagère sa faiblesse que s'il avait une idée trop élevée de sa force propre, à la manière des stoïciens. Combien se montrent supérieurs à l'humanité ces orateurs sacrés, ces hommes si bien et si profondément savants, qui, s'ils conçoivent une grande vérité, ou parviennent à l'exprimer de cette manière qui pénètre et entraîne les âmes de ceux qui les entendent ou les lisent, n'attribuent ces succès qu'à l'Esprit-Saint qui les inspire et en rapportent toute la gloire à Dieu seul, au lieu de se glorifier eux-mêmes. »

(9 décembre) « La philosophie stoïcienne peut apprendre la résignation à tous les maux extérieurs ou à tous les accidents de la vie humaine, qui sont dans l'ordre général du destin ou de la Providence, et par là nécessaires. Résignation, patience et tranquillité d'âme, c'est là le plus haut degré où l'âme puisse arriver par le seul secours de la philosophie ; mais *aimer* la souffrance, s'en réjouir comme d'un moyen qui conduit à la plus heureuse fin, s'attacher volontairement à la croix, à l'exemple du Sauveur des hommes : c'est ce que peut seul enseigner et pratiquer le philosophe chrétien. « On n'est pas maître de sentir, mais on l'est de consentir, moyennant la grâce de Dieu (1). »

(Mars 1820) « O mon Dieu, s'écrie Fénelon, que votre esprit devienne le mien et que le mien soit détruit à jamais. » Voilà la véritable, l'unique paix intérieure ; on trouve en soi un autre

(1) Saint François de Sales.

point d'appui que soi-même, autre que ce *moi* si ondoyant et divers.

« On ne trouvera point la paix dans ces vaines imaginations de l'orgueil. L'orgueil est incompatible avec la paix ; il veut toujours ce qu'il n'a pas, il veut passer pour ce qu'il n'est point, il veut s'élever sans cesse, et sans cesse Dieu lui résiste (1) ». Avec ma timidité et ma modestie apparente, je suis tourmenté par l'orgueil ; il fera le supplice de ma vie, tant que je ne voudrai que satisfaire moi-même et les autres, et que je ne chercherai pas plus haut un esprit qui dirige le mien ou se mette à sa place. »

(14 avril) « Un moment de recueillement, d'amour et de présence de Dieu fait plus voir et entendre la vérité que tous les raisonnements des hommes (2). » La présence de Dieu s'annonce par cette lucidité d'idées, cette force de conviction, ces intuitions vives, pures et spontanées auxquelles s'attache non pas seulement la vue, mais le sentiment intime de la vérité. Ce n'est pas seulement une conception, une entente de paroles, c'est de plus une suggestion intérieure de leur sens le plus profond et le plus vrai, sans aucun mélange de sensible ou d'imaginaire. C'est

(1) Fénelon.
(2) *Id.*

ainsi que Jésus-Christ a dit : *Veniet Paraclitus qui suggeret vobis omnia quæcumque dixero* (1).

« A en juger par ce que j'éprouve, et ne considérant que le fait psychologique seulement, il me semble qu'il y a en moi un sens supérieur et comme une face de mon âme qui se tourne par moments (et plus souvent en certains temps, à certaines époques de l'année) vers un ordre de choses ou d'idées, supérieures à tout ce qui est relatif à la vie vulgaire, à tout ce qui tient aux intérêts de ce monde et occupe exclusivement les hommes. J'ai alors le sentiment intime, la vraie suggestion de certaines vérités qui se rapportent à un ordre invisible, à un mode d'existence meilleur, et tout autre que celui où nous sommes. Mais ce sont des éclairs qui ne laissent aucune trace dans la vie commune, ou dans l'exercice des facultés qui s'y rapportent ; je retombe après m'être élevé. Or qu'est-ce qui m'élève ?... Les anciens philosophes, comme les premiers chrétiens et les hommes qui ont mené une vie vraiment sainte, ont plus ou moins connu et pratiqué ces moyens (pour se disposer à cette vie supérieure). Il y a un régime physique, comme un régime moral qui s'y approprie : la prière, les

---

(1) S¹ JEAN, XIX, 26.

exercices spirituels, la vie contemplative ouvrent ce sens supérieur, développent cette face de notre âme tournée vers les choses du ciel, et ordinairement si obscurcie. Alors nous avons la présence de Dieu, et nous sentons ce que tous les raisonnements des hommes ne nous apprendraient pas. Mais est-ce parce que Dieu se rend présent par sa grâce, que nous sommes dans un état élevé ? ou bien la présence de Dieu n'est-elle qu'un résultat de telles dispositions intellectuelles spontanées, et des efforts que nous faisons, ou des moyens indirects que nous prenons pour nous donner ces dispositions ? — Voilà un grand problème. »

(9 juin) « Si quelqu'un de vous est dans la tristesse, qu'il prie pour se consoler (1) », dit saint Jacques. Oh ! que j'ai besoin de prier ! »

(10 juin) « Je pensais hier, en courant dans les rues en cabriolet, qu'il y a trois espèces de dispositions d'esprit ou d'âme bien différentes : la première, celle de presque tous les hommes, consiste à vivre exclusivement dans le monde des phénomènes qu'on prend pour des réalités. Ainsi, il y a inconstance, dégoût, mobilité perpétuelle. La deuxième est celle des esprits les

(1) *Épître*, v, 13.

plus réfléchis qui cherchent longtemps la vérité en eux-mêmes ou dans la nature, en séparant les apparences des réalités, et qui, ne trouvant aucune base fixe à cette vérité, tombent dans le scepticisme par désespoir. La troisième enfin est celle des âmes éclairées des lumières de la religion, les seules vraies et immuables. Ceux-là ont seuls trouvé un moyen d'appui fixe ; ils sont forts de ce qu'ils croient. »

(27 juin) « En revenant du bain, à dix heures, j'ai été frappé comme d'un coup de foudre, en apprenant la mort du jeune Loyson (1), qui habite la même maison que moi. C'était un compagnon : il cultivait les lettres et la philosophie avec succès et avec une facilité étonnante. Ce jeune homme se nourrissait de sentiments mélancoliques qui présageaient, ce semble, sa fin prématurée. Il me disait dans les premiers jours de sa maladie : « J'ai cru que le phénomène allait disparaître tout à fait », faisant allusion à nos conversations précédentes où nous appelions *phénomène* tout ce qui tient à notre sensibilité actuelle, ou qui s'y manifeste immédiatement.

« O mon ami ! si, comme nous l'avons pensé ensemble quelquefois, les âmes ont un mode de

---

(1) Sur Loyson, voir les renseignements contenus dans l'*Appendice*.

communication intime et secrète auquel les corps ne participent pas, votre âme, ne pouvant se manifester maintenant par ces moyens visibles dont l'usage m'a tant de fois édifié et consolé, doit avoir d'autres moyens de se faire sentir à la mienne et de lui inspirer des sentiments meilleurs, des croyances plus fixes. »

(16 décembre) « L'amour des choses de la chair est une mort, au lieu que l'amour des choses de l'esprit est la vie de la paix (1). »

« Insensés que nous sommes, de nous attacher exclusivement à ce qui doit mourir, à ce qui meurt chaque jour, et de négliger ce qui est immortel, ce qui doit rester le même. Ecartez les soins superflus du corps et tout ce qui y tient, tout ce qu'il y a de passif, de sensible et de mortel, et vous aurez la paix, la vie, la lumière. La lumière n'est offusquée en nous que par les ténèbres du corps ; l'activité est donnée à l'âme, au *moi*, pour chasser les ténèbres, et dès lors elle voit, elle s'unit, elle s'identifie à la vérité, à Dieu même. Se séparer ainsi du corps, se mettre au-dessus de tout ce qui est sensible, c'est apprendre à mourir, c'est se préparer à une mort tranquille, bien mieux qu'en y pensant directement... »

(1) St Paul, *Epître aux Galates*, v, 25.

(23 décembre) « Lire chaque matin le chapitre XIII de l'*Epître aux Corinthiens*, pour avoir la paix au dedans, avec une lettre spirituelle de Fénelon et un chapitre de l'*Imitation* relatif au même objet ; puis se supporter et supporter les autres, dans le tumulte du jour. »

(Avril 1821) « Toujours le même doute sur cette question première d'où dépend toute notre connaissance de l'homme : dans les dispositions et affections qui ne sont pas au pouvoir de l'action de la volonté, qu'est-ce qui vient du corps organique ou des variations spontanées du principe et du jeu de la vie ? Qu'est-ce qui vient d'une force supérieure ou étrangère, qui peut diriger notre force propre de pensée et de volonté, l'exciter, l'élever quelquefois au-dessus d'elle-même, la nourrir d'idées et de sentiments qui n'ont plus de rapports avec les sensations et les choses environnantes ? Si je me consulte moi-même, je dois reconnaître, de bonne foi, que tous les bons mouvements, toutes les bonnes pensées que j'ai eues en ma vie ont tenu à certaines dispositions de la sensibilité, ou conditions organiques, aussi étrangères à mon activité propre que le sont la digestion, la nutrition, l'accroissement, les maladies, les affections diverses, et tous les changements que j'éprouve dans le sentiment de mon existence suivant les saisons de l'année, la température, etc...

« C'est ici que les systèmes *physiologique* et *théologique*, tout éloignés et opposés qu'ils paraissent, peuvent se rejoindre dans une même idée, savoir celle d'une force indépendante de notre volonté, qui nous modifie malgré nous, de qui dépend tout notre bonheur ou notre malheur, qui fait même ou exécute en nous ou dans notre corps tout ce que la volonté détermine. Cette force est-elle aveugle ou destituée d'intention ? c'est le *fatum* du corps, l'instinct animal, le principe de vie reconnu par les physiologistes comme soumis aux lois de la médecine, de l'hygiène. Est-elle intelligente et souveraine dans toute la nature? c'est Dieu dont l'action efficace suit les lois de la grâce. Des deux côtés sont des mystères impénétrables, des questions insolubles, ou dont les prétendues solutions sont toutes dans le champ de la logique.

« Que Dieu agisse sur nos âmes pour les modifier immédiatement, ou sur l'organisation et les affections du principe vital pour produire dans l'âme les sentiments et les idées qui y correspondent, toujours est-il que c'est l'homme tout entier qui pense, qui veut, agit et éprouve tels sentiments de son existence et non pas l'âme toute seule. Descartes dit : *Je pense, j'existe*, en séparant de lui-même, ou du sentiment qu'il a de sa pensée, tout ce qui tient au corps. Mais ce corps n'intervient pas moins comme partie essentielle de l'homme, de telle sorte que, sans lui et hors de telle condition organique, il n'y aurait dans l'homme rien de pareil à ce sentiment intime qu'il a de sa pensée et qu'il exprime par ces paroles : *Je pense*. De même, dans l'influence la plus élevée de la grâce, on peut croire qu'il y a toujours une condition organique, sans laquelle l'homme qui se sent élevé au-dessus de lui-même n'aurait pas ce sentiment. En général, nous faisons et nous pouvons très peu, si même nous faisons ou pouvons quelque chose, pour nous modifier et diriger nos facultés. La question est de savoir si nous sommes constitués en dépendance des lois inconnues de l'organisme, ou de l'action propre et immédiate d'une force divine, ou de l'une et de l'autre à la fois ; et dans ce dernier cas, comment nous pouvons distinguer l'une et l'autre action. »

(Au Murat. Octobre) « Marc-Aurèle dit, comme les moralistes chrétiens, qu'après avoir parcouru le cercle entier des objets sensibles, on ne rencontre nulle part le vrai contentement du cœur; il n'est ni dans la science, ni dans les richesses, ni dans la gloire, ni dans les plaisirs. Où est-il donc? C'est ici que la philosophie est en défaut et que la religion seule triomphe. Marc-Aurèle dit que le vrai contentement du cœur se trouve « dans la pratique des actions que la nature de l'homme demande », entendant par nature ce qu'il y a en nous de plus élevé au-dessus des sens et des passions : *Deus in nobis*. Mais qui est-ce qui nous donnera la force de pratiquer ces actions de nature supérieure ? Le Dieu qui veut et agit en nous sans doute. Mais cette partie divine de l'âme se donne-t-elle la force, la prédominance à elle-même, ou la tient-elle d'une autre puissance qui n'est pas elle, quoiqu'elle s'y unisse ? L'expérience nous apprend que le vrai contentement du cœur ne dépend pas de la volonté ; nous ne pouvons donc l'obtenir que par une grâce qu'il faut demander. C'est ici, ou dans la doctrine de la prière et de l'humilité, qu'est toute la supériorité de la morale chrétienne. Cette supériorité est moins dans le principe que dans l'application pratique. »

Où en est, à cette époque, Maine de Biran, sur les chemins de la croyance chrétienne ? Il est assez facile de répondre, en jetant un coup d'œil d'ensemble sur les pages qui précèdent. D'abord, par sa conception d'une troisième vie, il s'est élevé à la méditation d'un ordre de phénomènes qui lui avaient échappé jusque là ; la philosophie lui apparait comme se prolongeant nécessairement dans la religion, qui la complète et qui la couronne : le psychologue est devenu religieux. En second lieu, en comparant la nature de l'homme et les doctrines morales proposées par les diverses écoles, il est arrivé, après bien des réflexions et des indécisions, à voir clairement ce qui constitue « la supériorité de la morale chrétienne ». Et c'est un très réel progrès dans sa vie morale qu'avoir découvert que l'amour, comme principe d'action envers les autres, et l'humilité, mesure de jugement envers soi-même, sont par essence les vertus religieuses, et que seul le christianisme les entend ainsi. Voilà une seconde étape : mais le christianisme comprend indissolublement liées, une doctrine révélée et une théorie de la vie morale ; et quoi qu'en pense le protestantisme libéral, séparer l'une de l'autre, c'est mutiler dans ce qu'elle a de fondamental la conception chrétienne, c'est séparer le rameau du cep où il puise sa vigueur féconde. S'il convient de reconnaître qu'en définitive toute croyance doit se transformer en action, et qu'il ne suffit pas d'adhérer par l'esprit à des vérités, mais qu'il faut encore les vivre, il pourrait être dangereux, pour certains esprits, d'attirer presque exclusivement leur attention sur l'idéal de la vie morale qu'offre le christianisme ; et le danger serait de leur faire prendre pour un pur système de philosophie ce qui est infiniment mieux. Jusqu'ici Maine de Biran n'a guère vu dans le christianisme que le côté pratique ; c'est sous cet aspect qu'il l'a comparé si longuement au stoïcisme. Pour ce qui concerne la doctrine révélée, il ne la rejette pas positivement, il l'ignore : conséquence de la méthode exclusivement psychologique qui lui sert de guide dans ses recherches ; péril qui guette plusieurs de ceux qui se proposent d'amener à la connaissance et à l'amour de Jésus-Christ par la seule analyse de la vie intérieure. En s'observant lui-même, il a pu saisir les mouvements de la grâce : comment aurait-il pu y découvrir les mystères dont la croyance s'impose, la Trinité, l'Incarnation, la sanctification ?

Dans les pages qui suivent, nous allons voir encore prédominer ces préoccupations morales, et reparaître parfois des doutes sur le caractère surnaturel des mouvements de piété éprouvés. Cependant, quelques allusions très rapides au « Fils, médiateur entre Dieu et l'homme », « à l'état primitif d'où l'âme humaine est descendue » par le péché originel, indiquent un nouveau progrès, dans la conception que Biran se fait de la religion chrétienne.

(30 novembre) « Sous les rapports psychologiques, il y a beaucoup d'analogie entre l'état de l'âme d'un philosophe stoïcien, tel que Marc-Aurèle, et celui d'un parfait chrétien. Tous deux séparent constamment en eux-mêmes ce qui est de l'âme et ce qui est du corps. L'esprit lutte également dans tous deux contre la chair ; ils se font une idée semblable de la vertu, de la perfection de l'homme, qui consiste à se mettre au-des-

sus de tous les vains désirs, des caprices de l'imagination, de la sensibilité et à maintenir son âme exempte de plaies et de souillures. Tous deux se réjouissent intérieurement du bien de l'âme, avec cette différence, bien essentielle il est vrai, que le chrétien place hors de lui et plus haut que lui le principe de sa force, tandis que le stoïcien la met en lui-même. Mais quand on examine psychologiquement la notion que le philosophe attache à cette âme qu'il cultive, respecte, honore en lui-même, à cette raison absolue qu'il consulte et prend pour guide, on voit que l'âme, le génie, qui est dit être en nous, est autant hors du *moi* ou au-dessus de lui que Dieu le Père est au-dessus et hors de l'homme : c'est l'idée du *Fils*, médiateur entre Dieu et l'homme, qui différencie uniquement le chrétien. »

(8 décembre) « Les passions naturelles ont leur source dans la vie organique, et appartiennent à l'animal avant d'être dans l'homme. Tels sont les appétits relatifs à la conservation des êtres organisés sentants, et à la propagation des espèces. Les passions sociales se joignent toujours dans l'homme aux passions naturelles et les compliquent. Dans l'état le plus ordinaire des hommes en société, toute passion naturelle, ou appétit organique, partant de l'organisme, monte pour

ainsi dire de la vie animale à celle de l'homme... Dans cette deuxième vie moyenne, toute passion se caractérise par la spontanéité des produits, soit de l'organisme, soit de l'imagination, qui prennent tour à tour l'initiative, mais n'en sont pas moins toujours hors du cercle d'activité du *moi*, de l'homme libre et proprement moral, qui n'assiste aux phénomènes intérieurs que comme témoin, faisant effort pour empêcher, distraire, les produits d'une force qui n'est pas et qu'il sent bien n'être pas la sienne... Mais au-dessus de cette deuxième vie, il en est une troisième qui, pas plus que la vie organique, n'a en elle-même son principe, ses aliments, ses mobiles d'activité, mais qui les emprunte d'une source plus haute, la même qui a tout produit et qui dirige tout vers une fin.

« La deuxième vie de l'homme ne semble lui être donnée que pour s'élever à cette troisième, où il est affranchi du joug des affections et des passions, où le génie, le démon qui dirige l'âme et l'éclaire comme d'un reflet de la divinité se fait entendre dans le silence de toute nature sensible, où rien ne se passe enfin dans le sens ou dans l'imagination qui ne soit ou voulu par le *moi* ou suggéré, inspiré par la force suprême, dans laquelle le *moi* vient s'absorber et se confondre.

Tel est peut-être l'état primitif d'où l'âme humaine est descendue, et où elle aspire à remonter.

« Le christianisme explique ce mystère ; seul, il révèle à l'homme une troisième vie, supérieure à celle de la sensibilité et à celle de la raison ou de la volonté humaine. Aucun autre système de philosophie ne s'est élevé jusque là. La philosophie stoïque de Marc-Aurèle montre seulement avec exagération le pouvoir de la volonté, ou encore de la raison (qui forme à l'âme comme une atmosphère lumineuse dont la source est hors de l'âme) sur les affections et les passions de la vie sensitive. Mais il y a quelque chose de plus, c'est l'absorption de la raison et de la volonté dans une force suprême, absorption qui constitue sans effort un état de perfection et de bonheur. »

(17 février 1822) « Comment faire pour se pénétrer d'un idéal tel que Dieu, le devoir, l'immortalité ? Le stoïcien dira que la volonté peut toujours reproduire et conserver ces idées présentes ; le chrétien attribuera tout à la grâce. Le philosophe observateur ne niera pas l'influence d'une grâce surnaturelle ; mais en attribuant à cette cause inconnue tout ce qui est produit quelquefois subitement en nous, mais sans nous, de grand, de beau, d'élevé, il reconnaîtra combien la spontanéité de l'organisation ou du principe de vie,

qui s'excite et se calme de lui-même tour à tour, peut contribuer à cet état pur et élevé de l'âme.

« Aimer Dieu par-dessus tout, fixer son cœur en lui, c'est bien faire taire toutes les affections pour conserver une seule idée présente, une idée qui n'a rien de sensible ; c'est s'entretenir toujours avec soi-même de l'infini, de l'éternel, du vrai, du beau, du bon absolu, et ne donner aucune attention à tout ce qui meurt, n'en faire aucun cas. Quand on est venu au point de renoncer à tout ce qui est sensible, à tout ce qui tient à la chair et aux passions, l'âme a un besoin immense de croire à la réalité de l'objet auquel elle a tout sacrifié, et la croyance se proportionne à ce besoin.

« Quittez, dit Pascal, ces vains amusements qui vous occupent tout entier... Vous auriez bientôt la foi, si vous aviez quitté tous vos plaisirs sensibles. »

« Considérez, si vous voulez, le christianisme comme un système de philosophie, et vous trouverez, par la raison, qu'il n'en est pas qui explique mieux la contradiction de notre nature, qu'il n'en est pas surtout de plus grand, de plus sublime dans la pratique. Il serait beau de comparer un stoïcien parfait à un chrétien parfait, en suivant l'un et l'autre dans tous les détails de la vie privée, spéculative et active, de les comparer dans leur patience à souffrir, dans la pureté et l'élévation de toute leur conduite envers les hommes et envers eux-mêmes. »

(13 mars) « Au sujet de la communication immédiate de notre esprit avec quelques esprits supérieurs, qui l'illuminent ou le modifient, il faut bien distinguer le cas où c'est l'imagination seule qui entre spontanément en jeu, sous une influence organique quelconque. Comme la volonté n'y est pour rien, le *moi* peut transporter à une force extérieure, ou à un autre *moi*, ces produits spontanés et c'est ainsi que, dans un demi-sommeil, l'on croit entendre une voix étrangère, qui nous redit nos propres conceptions fantastiques et quelquefois avec une éloquence particulière. Mais ces conceptions sont toujours revêtues des formes sensibles de l'espace et du temps ; elles n'ont rien que l'imagination ou un esprit de la nature du nôtre ne puisse produire ou saisir en lui-même. Il n'en est pas ainsi des révélations prophétiques et nécessairement *objectives* de certaines vérités qui dépassent visiblement la portée naturelle de l'esprit humain, et sont élevées au-dessus de la sphère de notre existence intellectuelle. Quel droit, aveugles que nous sommes, avons-nous de le nier ? »

(5 avril, Vendredi-Saint) « Jésus-Christ sur la croix était en même temps le prêtre et l'hostie. Selon la chair, il est la victime du sacrifice; selon l'esprit, il en est le prêtre et le sacrificateur. Il s'offre suivant l'esprit, en même temps qu'il est offert suivant la chair (1). »

« Ainsi fait l'homme vraiment spirituel quand il immole ses passions, et qu'il fait l'abnégation, le sacrifice, de tout ce qu'il y a de sensible et de mortel en lui. L'homme moral qui exerce sa liberté et se commande à lui-même sent bien qu'il est en même temps le prêtre et l'hostie; car c'est bien lui qui sacrifie et immole, et ce qui est immolé et sacrifié, c'est encore lui, c'est la partie la plus sensible de son être, celle qui est la plus chère, la plus intime suivant la chair, quoiqu'elle ne soit pas lui, mais autre et extérieure suivant l'esprit. »

(25 décembre) « Les sens et l'imagination n'ont aucune paix à la part et aux communications de grâce que Dieu peut faire à l'entendement et à la volonté, d'une manière simple et directe qui échappe à toute réflexion (2). »

« Je conçois, d'après l'expérience, comment la paix ou l'équilibre des sens ou de l'imagination,

(1) St Jean Chrysostome.
(2) Fénelon, *Maximes des saints.*

dans certaines dispositions organiques, peuvent amener occasionnellement dans l'entendement et la volonté un état de calme et de lucidité qui favorise l'âme dans ses plus hautes opérations, et l'introduit comme dans un monde supérieur d'idées. Je conçois aussi comment le travail habituel de l'esprit, et l'exercice soutenu des facultés méditatives réduisent au silence les sens et l'imagination, ou les empêchent de prédominer ; et cela sans aucune influence directe de l'âme sur le corps, ou du corps sur l'âme, sans que la substance spirituelle partage les passions de l'âme sensitive, ni agisse sur elle pour la modifier, mais seulement en tant que l'état de l'une est la condition naturelle ou habituelle de l'exercice des opérations ou fonctions de l'autre. Ce qui me paraît inconcevable, d'après les faits d'expérience, c'est que la vie intellectuelle reste inaltérable, indépendamment de toutes les conditions naturelles qu'elle peut avoir dans la vie sensitive et réciproquement. Voilà le miracle de l'*homme-Dieu*: le stoïcisme ne peut aller jusque là.

« Deux conditions : 1° *Désirer*, vouloir, faire effort pour s'élever au-dessus de cette condition animale par laquelle tous les êtres sentants naissent et meurent de la même manière. 2° *Prier* afin que l'esprit de sagesse vienne ou que le royaume de Dieu arrive. Il n'arrive qu'autant que la voie lui est préparée, il n'éclaire que le sens disposé à recevoir son impression : tel est l'emploi de notre activité. Elle nous a été donnée pour préparer l'accès à cette lumière divine dont la lumière physique est un emblème. *Luci comparata invenitur prior* (1). Il faut en effet que notre œil soit ouvert, bien disposé à se diriger volontairement vers l'objet d'où sont réfléchis les rayons lumineux, pour que la vision s'accomplisse : de même pour cette intuition interne d'une lumière plus haute, il faut une préparation. *Optavi (conatus sum) et datus est mihi sensus. Invocavi et venit in me spiritus sapientiæ.*

« Désirer (sentir ses besoins, sa misère, sa dépendance) et faire effort pour s'élever plus haut ; prier, tenir l'œil tourné vers la source d'où vient la lumière : aussi l'homme se trouve en possession d'un trésor infini, inépuisable. Plus il use de ce trésor, plus il devient l'ami de Dieu et participe à tous les dons de la sagesse. *Infinitus enim thesaurus hominibus quo qui usi sunt, participes facti sunt amicitiæ Dei, propter disciplinæ dona commendati. Est enim in illo Spiritus intelligentiæ, sanctus, unicus, multiplex, subtilis,*

---

(1) *Sagesse.* VII, 29.

disertus, suavis, amans, benefaciens (1). »

(Grateloup, septembre 1823) « Il n'y a pas seulement deux principes opposés dans l'homme. Il y en a trois, car il y a trois vies et trois ordres de facultés. Quand tout serait d'accord et en harmonie entre les facultés sensitives et actives qui constituent l'homme, il y aurait encore une nature supérieure, une troisième vie, qui ne serait pas satisfaite, et ferait sentir qu'il y a un autre bonheur, une autre sagesse ou perfection, au delà du plus grand bonheur humain, de la plus haute sagesse ou perfection intellectuelle et morale dont l'être humain soit susceptible.

« C'est par l'amour moral que l'âme tendant, comme par un instinct de l'ordre le plus élevé, vers le beau, le bien, le parfait, qui ne se trouvent dans aucun des objets que les sens ou l'imagination peuvent atteindre, prend son vol plus haut que toute cette nature sensible, et avec les ailes de la colombe, va chercher dans une région plus épurée, le bonheur, le repos qui conviennent à sa nature. Il n'y a que le vrai amour qui puisse donner de la joie. La joie est d'obéir par amour ; l'amour-propre ne sait obéir qu'à lui-même, mais il change sans cesse, il est petit et

---

(1) *Sagesse*, VII. 14-22.

misérable, source de peine, ce n'est pas en lui que peut être la joie... »

(Octobre) « J'ai fait un voyage à Bordeaux pour visiter mon ami Lainé et son curieux établissement dans les Landes. Pendant ce voyage et au retour, je m'occupais, quoique toujours un peu vaguement, de la distinction des phénomènes et des fonctions qui se rapportent aux trois vies que je vois qu'il faut reconnaître dans l'homme. De cette analyse bien faite, de ces divers caractères bien tracés résulterait le traité le plus instructif et le plus complet d'*anthropologie* qui qui ait été fait jusqu'à présent. Chacune de ces parties de la science humaine ayant été traitée séparément, et, par une erreur bien préjudiciable, comme si elle était seule ou représentait seule l'homme tout entier, il s'agit non plus d'isoler chacune de ces vies, mais d'étudier leurs rapports d'analogie et d'opposition ; il s'agit de faire ressortir leurs caractères et leurs fonctions par l'étude des faits d'expérience et des contrastes qu'offre sans cesse à l'observateur l'homme considéré dans ses divers états d'âge, de tempérament, de santé, de maladie, etc. Il s'agit encore très particulièrement de rechercher comment une de ces vies, la supérieure par exemple, a ses conditions dans la vie animale...

« Le point de vue de Dieu, raison suprême, n'est pas seulement différent, mais opposé au point de vue du monde. Le premier seul nous donne des réalités, le second ne saisit que des ombres, des fantômes. Il règne un accord parfait à cet égard entre la psychologie et la religion : l'une mène à l'autre. Les mêmes opérations de l'âme qui conduisent à ce qu'il y a de vrai, de réel, de permanent dans les choses, en nous détachant des sens qui ne saisissent que des fantômes, nous font trouver à la fin Dieu, seule vérité, dernière raison des choses, par les mêmes *moyens antisensuels*...

« Quel que soit le fondement réel de la foi, pour les âmes douées de ce don céleste, on ne peut douter qu'il n'y ait des sentiments ou des modes spéciaux dérivés de cette cause, qui remplissent toute l'existence et font tout l'intérêt de la vie de ces âmes qui se sentent ou se croient tantôt soutenues, élevées, et tantôt délaissées, abandonnées par l'esprit de Dieu. Pour ces âmes, ce qu'elles reçoivent est tout, ce qu'elles font d'elles-mêmes n'est rien ou moins que rien. On ne peut leur contester ce qu'elles sentent intérieurement : ce sont des biens, des maux, attachés à une sorte de *passion* sublime qui a cet avantage sur toutes les autres, que les maux pour elles se transforment en bien. Les états de quiétude, de calme, de joie extatique, ou de trouble, de douleur, de regrets, de sécheresse, ont toute la vivacité et la vérité subjective des passions qui tiennent à des objets sensibles. Quelle en est la cause? Est-elle purement subjective ou inhérente à certaines dispositions organiques mises en jeu par une imagination vive, qui se repaît sans cesse des mêmes fantômes, comme on l'éprouve dans les passions terrestres? ou bien y a-t-il réellement une action directement exercée sur l'âme par l'esprit divin, *qui souffle où il veut*, action plus ou moins relative, toutefois, à certaines conditions de réceptivité dans lesquelles telles pratiques, telles formules, tels genres d'excitation ont le pouvoir de placer l'âme? c'est à bien s'assurer de la réalité de l'une ou de l'autre de ces causes de sentiments mystiques que consiste, selon moi, le plus grand et le plus difficile problème de la science de l'homme.....

« Je voudrais considérer les effets psychologiques de la prière. Nul doute que ce ne soit l'exercice le plus propre à modifier l'âme dans son fond, à la soustraire aux influences des choses extérieures, et à tout ce monde de sensations ou de passions. En se mettant en la présence de Dieu, de cet infini, de ce parfait idéal, l'âme est pétrie de sentiments d'une autre nature que ceux qu'elle nourrit ordinairement. Quand la lumière divine commence à nous éclairer, alors on voit dans la vraie lumière; il n'y a aucune vérité que l'intuition ne saisisse, les mêmes choses qu'on avait entendues cent fois froidement et sans fruit nourrissent l'âme comme d'une manne cachée. Sont-ce là les produits d'une influence surnaturelle qui s'exerce momentanément? N'est-ce pas le résultat de certaines dispositions, d'une sensibilité plus élevée, au-dessus de celle qui nous met en rapport avec le monde extérieur?

« Il n'y a point de doute que les plus grands esprits, tels que Pascal, Bossuet, Fénelon, n'aient été retenus dans la foi par ces deux liens, savoir : par le besoin spéculatif d'expliquer la grande énigme du monde et de la nature humaine, et plus encore par le besoin pratique de trouver en soi, dans ses croyances, un point d'appui fixe et stable qui donne du repos à l'esprit et une paix inaltérable à l'âme, en fournissant un aliment à l'espérance et à l'amour qui font sa vie. Mais si nous tenons sans aucun doute le fondement *subjectif* des croyances religieuses du christianisme, comme on peut le voir dans Pascal qui nous a manifesté, dans ses *Pensées*, tout l'état de son âme et tout ce qu'il a éprouvé à cet égard, il n'en est pas ainsi du fondement *objectif*; la raison ne se satisfera jamais sur ce point. Il faut que la foi naisse du sentiment ou du besoin de sentir de telle manière, de la pratique ou d'une grâce surnaturelle. »

(20 novembre) « *Il n'y a qu'une chose nécessaire* (1). » Au lieu de songer aux choses terrestres comme à des buts de vie, il faut les craindre comme des moyens de mort spirituelle et ne les aborder que par devoir, pour obéir à Dieu, en désirant qu'elles s'éloignent de nous chaque jour et nous laissent tranquilles. Je crie sans cesse : *Seigneur, ouvrez-nous les yeux, de peur que nous ne nous endormions dans la mort.*

« J'ai été autrefois bien embarrassé pour concevoir comment l'Esprit de vérité pouvait être en nous sans être nous-mêmes, ou sans s'identifier avec notre propre esprit, notre *moi*. J'entends maintenant la communication intérieure d'un esprit supérieur à nous, qui nous parle, que nous entendons au dedans, qui vivifie et féconde notre esprit sans se confondre avec lui, car nous sentons que les bonnes pensées, les bons mouvements ne sortent pas de nous-mêmes. Cette communication intime de l'*Esprit* avec notre esprit propre,

(1) Saint Luc, x, 42.

quand nous savons l'appeler ou lui préparer une demeure au dedans, est un véritable fait psychologique, et non pas de foi seulement.

« Toute la doctrine du christianisme, c'est qu'il faut aimer. Lorsque nous avons senti en nous-mêmes l'influence vivifiante de l'Esprit divin, il est naturel que nous l'aimions, que nous l'appelions sans cesse, comme l'aliment, le soutien, le principe de notre vie, que nous l'aimions plus que nous-mêmes, car c'est de lui que nous tenons une existence supérieure à celle du *moi*, et c'est par l'amour seul que nous nous unissons à l'esprit. »

(Grateloup, mars 1824) « *Il vaut mieux plaire à Dieu qu'aux hommes*. Je dis, dans un sens encore plus intime, il vaut mieux se plaire constamment à soi-même (dans le for intérieur de sa conscience) que de plaire aux hommes avec qui on se trouve accidentellement en contact. Nous sommes induits sans cesse dans le monde à sacrifier l'un de ces liens, qui est le seul vrai, à l'autre qui est faux et qui est un véritable mal ; car nous ne pouvons plaire au monde qu'autant que nous sommes de ce monde, partageant toutes ses passions, tout son aveuglement.

« Jésus-Christ a été en haine au monde parce qu'il n'était pas de ce monde. Il a annoncé à ses disciples, à tous ceux qui voudraient le suivre qu'ils seraient eux-mêmes haïs et méprisés des hommes à cause de lui et de son nom. Donc l'attachement que le monde a pour nous, ne pouvant être que le prix de celui que nous avons pour le monde, est un véritable malheur... »

(Limoges, 13 mars) « *L'homme extérieur se détruit, l'homme intérieur se renouvelle.* Je sens qu'il en est ainsi pour moi. L'homme extérieur avait autrefois une verve et des saillies qu'il n'a plus, mais aussi, ne me fiant plus à cette verve spontanée, je m'efforce de travailler l'homme intérieur, de manière à le rendre indépendant, quant à l'esprit, de ces saillies de sensibilité qui doivent être considérées comme appartenant à l'homme extérieur.

« *Agir, méditer* et *prier* sans cesse, voilà les seuls moyens du renouvellement de l'homme intérieur. Le royaume de Dieu, c'est la vie de l'esprit qui n'arrive que pour l'homme intérieur, tout le reste est du dehors, ou de la chair qui meurt à chaque instant. Autrefois, et même encore à présent, j'ai été fort attentif à ces variations brusques et continuelles des dispositions sensitives, regardant sans cesse de quel côté soufflait le vent de l'instabilité, ou celui des passions... Aujourd'hui, je sens combien tout cela est casuel et inférieur à ce qui vient d'une autre source de bon vouloir, soit que cette source tienne à nous-mêmes et qu'elle ne demande qu'à ne pas être arrêtée par les passions animales pour produire ses fruits, soit qu'elle nous soit donnée de plus haut : *étant incapables de former de nous-mêmes aucune bonne pensée comme de nous-mêmes.* »

(27 mars) « L'homme intérieur est spirituel, de même que l'homme extérieur est nécessairement charnel. Si l'homme intérieur est obligé par devoir de s'occuper du monde et des affaires, il ne s'y abandonne jamais en entier ; il a toujours, même dans le plus grand mouvement extérieur, un œil tourné vers le dedans : il est en présence de Dieu et de lui-même ; il ne perd jamais entièrement de vue ces deux pôles de l'existence ; et lorsque le mouvement du dehors a cessé, il rentre de lui-même en possession pleine et entière de sa vie propre. Comment faire pour ne jamais être entraîné tout à fait par les choses dont on est obligé de s'occuper, en sorte que l'homme intérieur reste, quoique l'homme extérieur soit en action ? C'est ce juste tempérament qui semble demander une grâce particulière. »

(25 avril) « *Et factus sum mihimet ipsi gravis* (1).

(1) Job, vii, 20.

Tout est résistance, embarras, difficulté de vivre au dedans comme au dehors, dans ma position actuelle. Le principe de la vie (l'âme sensitive) s'affecte de son impuissance à surmonter les obstacles internes qui s'opposent à son déploiement ou à ses tendances extensives : elle se retire en elle-même. Toutes les facultés de l'âme pensante languissent et s'affaissent, faute de ce point d'appui vital que demande leur exercice. C'est dans cet état qu'on appelle la force d'en-haut ; on sent qu'elle ne peut venir ni de soi-même, ni d'aucune chose du dehors. *Miserere mei, Domine, quoniam infirmus sum* (1). »

(17 mai) « Dans l'état de santé, de faiblesse, de trouble physique et moral où je suis, je m'écrie sur ma croix : *Miserere mei, Domine, quoniam infirmus sum. Lumbi mei impleti sunt illusionibus, et non est sanitas in carne mea* (2).

« Certainement la source de tant d'illusions malheureuses que ma raison ne peut vaincre est dans ces organes intérieurs (*lumbi*) qui s'affectent et se montent par des causes quelconques, indépendantes de ma volonté. Leurs produits spontanés, ou les images qui prennent là leur source, sont plus fortes que la raison qui les reconnaît,

(1) *Psaume* vi, 3.
(2) *Psaume* xxxvii, 8.

les juge, sans pouvoir les dissiper. C'est dans de tels états qu'on sent le besoin d'une grâce supérieure.

« Il faut toujours être deux et l'on peut dire de l'homme, même individuel, *væ soli!* (3) Si l'homme est entraîné par des affections déréglées qui l'absorbent, il ne juge ni les objets ni lui-même ; qu'il s'y abandonne, il est malheureux et dégradé ; *væ soli!* Si l'homme, même le plus fort de raison, de sagesse humaine, ne se sent pas soutenu par une force, une raison plus haute que lui, il est malheureux, et quoiqu'il en impose au dehors, il ne s'en imposera pas à lui-même. La sagesse, la vraie force consiste à marcher en présence de Dieu, à se sentir soutenu par lui ; autrement *væ soli!*

« Le stoïcien est seul, ou avec sa conscience de philosophe, qui le trompe ; le chrétien ne marche qu'en présence de Dieu, et avec Dieu, par le *médiateur* qu'il a pris pour guide et compagnon de sa vie future. »

(1) *Ecclésiaste*, IV, 10.

APPENDICE

NOTES SUR L'ÉVANGILE DE SAINT JEAN

Dans les pages qui précèdent, on a essayé de donner à l'aide de quelques extraits et de très courts commentaires, une esquisse rapide de l'évolution religieuse de Maine de Biran. Il nous a semblé que croyants et incroyants trouveraient dans l'étude de ce *mouvement* de l'âme, un enseignement utile ; les incroyants parce que Biran leur donne le spectacle d'une doctrine philosophique qui va lentement du sensualisme à un spiritualisme très net, par le progrès incessant de la pensée et l'observation plus attentive de notre vraie nature ; les croyants, parce qu'ils verront une application concrète, ou plutôt comme une image de cette loi d'évolution qui préside au développement du dogme. Or, il peut être intéressant et utile de reproduire, pour compléter cette étude, quelques-unes des pages écrites par Biran, sous forme de commentaire de l'Evangile de saint Jean.

A vrai dire, l'idée première de ce commentaire n'est pas de lui, mais d'un de ses jeunes amis, Charles Loyson. Celui-ci, esprit très distingué, ancien élève de l'Ecole normale, récemment fondée, collaborateur avec Guizot, des *Archives philosophiques,* avait accepté les théories psychologiques de Maine de Biran sur le *moi* et l'activité du moi. « Il crut reconnaître, écrit M. Ernest Naville, des analogies frappantes entre ces doctrines et le système théologique exposé dans le premier chapitre de l'Évangile selon saint Jean. Il entreprit d'exposer ces analogies, en traduisant, dans la langue psychologique, ce que l'apôtre affirme dans le point de vue religieux (1). » C'est ainsi que le texte : *Au commencement était le Verbe,* indique ce sentiment primitif de l'existence ou de l'activité par lequel le moi se révèle ; *le Verbe était avec Dieu,* c'est-à-dire qu' « en même temps que nous sentons cette manifestation de notre vie, nous concevons quelque chose de substantiel et de permanent... ce sera l'âme dans la description de l'homme » ; et *le Verbe était Dieu ;* le moi n'est pas seulement une action de l'âme, il est rigoureusement l'âme.

Après la mort de Loyson, survenue en 1820, Biran continua ces commentaires dans le même sens, et écrivit environ trente-cinq pages. En 1823, il reprend le même texte pour le commenter à nouveau, mais cette fois dans le dessein d'y trouver une confirmation de sa théorie des trois vies. — Les pages qui suivent se rapportent à ce second commentaire. Elles offrent de l'in-

---

(1) *Œuvr. inédit.*, t. III.

térêt en ce qu'elles constituent un précieux document pour connaître son état d'esprit à l'égard des croyances religieuses : le médiateur dont il est parlé à plusieurs reprises dans le *Journal*, d'une façon vague, est ici reconnu pour le Verbe incarné ; et il est fait expressément mention de sa divinité. On peut donc dire qu'à ce moment, 1823, Biran est un chrétien.

« Les trois vies sont exprimées dans les paroles de l'Évangile de saint Jean. Comme Jésus-Christ, le Verbe incarné médiateur, manifeste le Père, l'esprit en soi, la cause première de tout ce qui est, de même saint Jean, le précurseur, annonce l'intelligence, le Verbe, mais il n'est pas le Verbe. Le *moi*, le Verbe incarné (ou entièrement uni au corps, à la chair) manifeste l'âme comme il est manifesté, annoncé, par les signes corporels empreints dans l'organisation humaine. L'analogie me semble parfaite.

« Verset 1 et 2. *Au commencement*, c'est-à-dire avant sa manifestation, l'esprit de l'homme était en Dieu (*apud Deum*), tout retiré en Dieu qui est sa source ; l'âme humaine non seulement ne se manifestait pas, mais même n'existait pas. Dieu crée cette substance et lui communique le premier souffle de son esprit. Ce souffle de l'esprit divin n'est point inhérent à la substance de l'âme ; ce n'est pas son attribut essentiel, mais une communication, une émanation de la lumière. C'est ainsi que certains objets du monde physique, la lune et les planètes, par exemple, ont été doués de la propriété de réfléchir la lumière qui ne leur appartient pas quoiqu'elle semble à la vue leur être propre, le sens ne pouvant distinguer si cette lumière est empruntée, ou si elle est propre aux objets réfléchissants. Mais il est évident que ceux-ci existeraient également alors qu'ils ne réfléchiraient pas la lumière. Ainsi l'âme de l'homme, créée force immatérielle et pensante, existerait substantiellement la même quant aux attributs essentiels et propres dont le Créateur l'a douée, alors même qu'il ne lui aurait pas communiqué dans le principe un rayon de son esprit, et qu'elle ne réfléchirait pas actuellement cette lumière divine ; et il n'est pas douteux que Dieu n'ait pu faire des êtres sentants ou même doués d'un certain degré d'intelligence et d'activité auxquels il ne communique son esprit d'aucune manière.

« 3. *Toutes choses ont été faites par lui, et rien de ce qui a été fait n'a été fait sans lui.* Tout ce qui est vrai ou réel dans le monde intelligible que saisit la pensée de l'homme, éclairé, dirigé, par l'esprit, a été fait pour l'esprit et a été donné par lui à l'homme intelligent ; et rien de ce qui a été fait ou donné ainsi n'a été fait sans cet esprit qui est plus haut que l'homme.

« 4. *En lui était la vie, et la vie était la lumière des hommes.* Point de vie réelle de l'âme sans l'esprit divin, car la vie de l'âme ne peut être que cette lumière réfléchie qui l'éclaire d'abord sur elle-même et sur la source d'où elle émane et où elle se reporte par l'amour.

« 5. *La lumière luit dans les ténèbres et les ténèbres ne l'ont point comprise.* L'âme, tout obscurcie qu'elle est par les ténèbres du corps, par les besoins et les passions spontanées de l'organisme à qui Dieu a voulu l'attacher, n'en est pas moins, en vertu de son existence, une image de l'esprit divin, défigurée, altérée par les passions; mais qui peut retrouver sa pureté et sa ressemblance en s'unissant de nouveau à son principe, en s'absorbant dans son sein. Jusque là, tant que l'organisme domine, en même temps que l'intelligence de l'homme demeure fixée à son pôle inférieur, au *moi* qui est ou qui se fait le centre unique du monde sensible, jusque là, dis-je, la lumière ne luit que dans d'épaisses ténèbres qui ne sauraient la comprendre.

« 6 et 8. *Il y eut un homme envoyé de Dieu, appelé Jean. Il n'était pas la lumière, mais il vint pour rendre témoignage à celui qui était la lu-*

mière. L'homme, ce composé fait de l'union d'une âme à un corps organisé vivant, n'est point la lumière ; l'esprit n'est point en lui, comme propre à lui, à titre d'une intelligence bornée, d'être actif et libre, mais subordonné. Mais l'homme est ainsi créé pour rendre témoignage à la lumière ou pour témoigner l'esprit qui vient en lui, qui y fait sa demeure, quand il a préparé en lui cette demeure digne de l'esprit.

« 9. *Celui-là était la vraie lumière qui éclaire tout homme venant au monde;* au monde des phénomènes où reluit déjà l'esprit de vérité, mais offusqué par les ténèbres sensibles.

« 10. *Il était dans le monde et le monde a été fait par lui, mais le monde ne l'a point reconnu.* Le monde, ou l'ensemble des êtres sentants et pensants, renferme l'esprit vivant qui l'a créé, qui le maintient, et il ne connaît point cet esprit. Il est tout à fait incapable de le connaître tant qu'il s'égare lui-même, c'est-à-dire qu'il méconnaît sa nature mixte, sa faiblesse, sa dégradation animale et la source plus haute d'où il est descendu, où il faut qu'il remonte, sous peine de rester toujours dans son aveuglement et dans son ignorance.

« 11. *Il est venu chez soi et les siens ne l'ont point reçu.* L'esprit incarné (uni à la chair) a voulu élever l'homme à lui ; mais l'homme charnel attaché aux sens ne l'a pas reçu ni conçu.

« 12. *Il a donné à tous ceux qui l'ont reçu le pouvoir d'être faits enfants de Dieu* (enfants de la lumière, comme dit saint Paul). Ce pouvoir ne peut venir en effet que de l'esprit.

« 13. En vertu de l'esprit qui l'éclaire et l'unit à Dieu, l'homme spirituel *n'est point né du sang, ni de la volonté de la chair, ni de la volonté de l'homme, mais de Dieu même.* Cela est évident, puisqu'il y a opposition entre l'homme spirituel et l'homme né du sang et qui tient encore au sang, qui est conduit par la volonté de la chair ou l'appétit animal, et même par une volonté constitutive de la personne humaine ou du *moi*, qui se fait centre de tout et rapporte tout à lui au lieu de se rapporter lui-même à Dieu, car, en tant que né de Dieu, l'esprit se rapporte à lui, il tend vers la source d'où il est émané.

« 14. *Le Verbe a été fait chair et il a habité parmi nous plein de grâce et de vérité.* « C'est en vous seul que Dieu est, il n'est dans aucun homme comme vous. Dieu n'est point sans vous. » Ces paroles du prophète Isaïe ne peuvent s'appliquer à l'homme le plus spirituel, mais à Jésus-Christ seul. Le Verbe, l'esprit ou le *moi* spirituel, a revêtu une forme de chair, sans néanmoins s'identifier avec la chair, et il habite ainsi parmi les hommes, considéré lui-même comme homme, quoiqu'il s'en distingue par la grâce et la vérité dont il est plein. Parlant humainement et dans un sens philosophique, Jésus-Christ serait un type de perfection spirituelle supérieur à la chair, à ses faiblesses et à ses misères qu'il partage comme homme, en planant sur elle par l'esprit dont la lumière a brillé en lui d'un éclat très pur, de beaucoup supérieur à tout ce que la sagesse humaine a pu produire de plus admirable. Jésus-Christ a été ainsi la manifestation la plus vraie du Père des lumières, mais il n'aurait offert qu'un degré plus élevé de ce qui se trouve dans tout homme spirituel qui le prend pour modèle. Médiateur sublime entre Dieu et l'homme, Jésus-Christ a mérité d'être appelé le fils unique de Dieu, puisqu'il n'a point de frère égal en vertus, mais il a pour parent de la même famille, sorti de la même souche, tout homme qui vit de la vie spirituelle et qui a mérité d'être en possession de la grâce et de la vérité, sans pouvoir en être plein comme le médiateur.

« 15. *Jésus rend témoignage de lui et crie en disant :* « *Celui qui doit venir après moi m'a été préféré parce qu'il était avant moi.* » L'esprit ne vient qu'après la manifestation du *moi*, de l'homme, et le plein développement de cette libre activité qui lui a été donnée dans l'ordre de la nature pour pouvoir être élevé jusqu'à l'esprit dans l'ordre de la grâce. Mais si la vie de l'esprit ne vient qu'à la suite de la vie active de l'homme, dans l'ordre naturel du développement humain, l'esprit est avant le *moi*, quant à la prééminence de nature et de plus quant à la priorité absolue de l'être, car l'esprit était en Dieu ou chez Dieu (*apud Deum*) de toute éternité.

« 16. *Et nous avons tout reçu de sa plénitude et grâce pour grâce.* C'est par la plénitude de l'esprit divin qui était en Jésus-Christ, notre modèle, que nous pouvons tout recevoir par une communication de la grâce qui nous vient du médiateur, en telle sorte que, à part la divinité et les mystères qu'elle renferme, il n'y a pas une seule grâce en Jésus-Christ, comme homme, fils de Dieu, que l'homme spirituel ne puisse obtenir par la conformité à son divin modèle. De là, la juste expression de l'apôtre : *grâce pour grâce* (1). »

(1) *Œuvres inédites*, édit. Naville, t. III, p. 315-320.

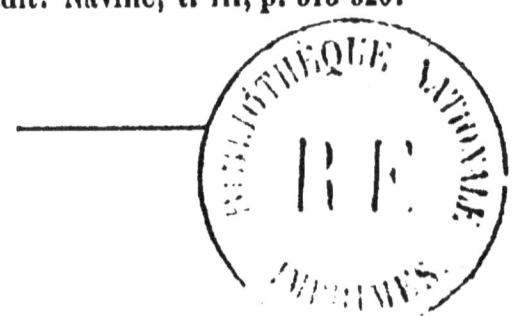

TABLE DES MATIÈRES

Introduction..................................... I
  I. — Vie de Maine de Biran................. VI
  II. — La philosophie Biranienne et son utilisation XIX
  III. — La philosophie religieuse de Biran et l'apologétique moderne............... XXXV
  IV. — Bibliographie. LVII

PREMIÈRE PARTIE

Le psychologue

Chapitre I. — La méthode de la psychologie 1
—   II. — Le fait primitif de l'effort........ 9
—   III. — Origine de la personnalité 14
—   IV. — L'aperception interne, source des idées de cause, de substance, d'unité, d'identité, etc......... 10
—   V. — Distinction du moi et de l'âme... 23
—   VI. — Différence entre le désir et le vouloir 28
—   VII. — La vie animale et la vie humaine 32

DEUXIÈME PARTIE

Le moraliste

Chapitre	I. — Période sensualiste................	37
—	II. — Du sensualisme à la morale stoïcienne........................	48
—	III. — Vers le christianisme............	65

TROISIÈME PARTIE

Le chrétien

Chapitre	I. — Les preuves de l'existence de Dieu	96
—	II. — L'accord de la foi et de la raison. Théorie des deux révélations...	116
—	III. — La vie de l'esprit................	152

APPENDICE

Notes sur l'Évangile de saint Jean................ 193

Imp. Joseph Tequi, 70, Avenue du Maine, Paris.

Librairie **BLOUD & Cie**, *rue Madame, 4, Paris (6e)*

Vie et Pontificat de Sa Sainteté Léon XIII, par M. l'abbé Joseph GUILLERMIN, membre de l'Académie pontificale des Arcades. *Avec Lettre-Préface de S. G. Mgr Arnaud, évêque de Fréjus et Toulon.* — 2 beaux vol. in-8 avec portrait. — Prix : 8 fr. ; *franco* en gare 8 fr. 60.

« L'ouvrage de M. Guillermin est la synthèse la plus lumineuse qui ait encore été donnée au public de ce long règne d'un pape ayant remué tant d'idées et touché à tant de choses. Chaque fait, chaque encyclique, chaque jubilé vient à sa vraie place, avec encadrement naturel des événements et des hommes.

« Les premiers chapitres, sans faire oublier *la Jeunesse de Léon XIII*, par M. Boyer d'Agen, et les derniers, sans faire tort au *Léon XIII intime* de J. de Narfon, contiennent tout ce qui peut intéresser la masse des lecteurs sur ces parties secondaires. On entre dans le vif du sujet avec *le Conclave, le Couronnement, les premières réformes et les premières directions.* Dès lors les chapitres se succèdent, embrassant chacun une question et la traitant à fond. On pourrait en tirer sans effort une série de conférences documentées et agréables sur *Léon XIII et saint Thomas d'Aquin, les Eglises d'Orient, la Belgique, l'Italie, la France, l'Allemagne, la Russie, la Franc-Maçonnerie, la Question romaine,* etc. Je n'indique pas ici la moitié des sujets. Ceux qui m'ont semblé les plus riches en épisodes dramatiques sont la *Fin du Kulturkampf, Léon XIII et l'esclavage.*

« La physionomie qui se détache de cet ensemble d'études est bien celle que le correspondant d'un grand journal protestant anglais dépeignait ainsi : « La figure de Léon XIII, « comme son corps, sont d'une apparence ascétique et so- « lennelle, et répondent réellement à l'idée qu'on peut se « faire du *Souverain Pontife.* C'est bien l'ensemble à la fois « majestueux et solennellement inspiré du souverain et « du pontife. » Et cette physionomie magnifique, M. l'abbé Guillermin l'a dessinée en historien et en prêtre. »

Henri CHÉROT (*Etudes religieuses.*)

L'Abbé de Broglie, *sa Vie, ses Œuvres,* par le R. P. LARGENT, prêtre de l'Oratoire, professeur à l'Institut catholique de Paris. Ouvrage précédé d'une lettre de S. Em. le cardinal PERRAUD, évêque d'Autun, et d'une lettre de M. le duc DE BROGLIE, membre de l'Académie Française. 1 beau vol. in-8 avec portrait. 2e édition. Prix   4 fr. *franco*.................................   4 fr. 50

Henri Lasserre, sa *Vie, sa Mission, ses lettres*, papiers et documents inédits, par Louis Colin. — 1 vol. in-18 jésus avec portrait et gravure. 3ᵉ édition. — Prix : **3 fr. 50**; franco .... **4 fr. »**

« La vie d'Henri Lasserre, a écrit M. Joseph Adam dans les *Etudes Religieuses*, est une des belles vies que je connaisse. M. Louis Colin nous la raconte avec beaucoup de charme et une chaleur communicative. »

(*Etudes religieuses.*)

L'Allemagne catholique au XIXᵉ siècle. Windthorst (*ses alliés et ses adversaires*), par M. G. Bazin. — 1 beau vol. in-8 avec portrait. 4ᵉ édition. — Prix.... **4 fr.** franco.................................. **4 fr. 50**

« Synthétiser en quelques pages la vie d'un peuple, afin de préparer au lecteur la connaissance du pays et des événements contemporains, grouper ces faits autour d'un homme qui personnifie, en Allemagne, la résistance du droit contre la force, la justice contre l'arbitraire, la liberté contre la tyrannie : c'est tout le plan du nouvel ouvrage de M. Bazin. Chez nous comme en Allemagne, le danger est terrible; pourquoi dans les mêmes périls n'avons-nous pas les mêmes défenseurs ? »

(*Revue bibliographique et littéraire.*)

Le Père Gratry (1805-1872). — *L'Homme et l'Œuvre*, d'après des documents inédits, par le R. P. Chauvin, Supérieur de l'Ecole Massillon. — 1 vol. in-8 écu de 448 pages, orné d'un beau portrait. Prix : **5 fr.**; franco .... **5 fr. 50**

Ouvrage couronné par l'Académie française
(Prix Guizot)

L'exposé et la discussion de l'originale philosophie du P. Gratry ne risquaient point de paraître arides avec un écrivain comme le P. Chauvin. Ils s'encadrent naturellement dans le récit biographique, fécond en événements, et dont l'intérêt s'augmente singulièrement par l'étude du milieu si intellectuel et si divers dans lequel vécut le P. Gratry.

Le Positivisme chrétien, par André GODARD. 1 beau vol.
in-8°, 4ᵉ édition. Prix . . . .   5 fr.
franco . . . .   5 fr. 50

M François Coppée. — « ... Je signalerai, comme
m'ayant paru absolument nouvelle et d'une saisissante
originalité, sa théorie du miracle et son étude sur certains
phénomènes surnormaux... L'auteur, sans abandonner
jamais un raisonnement d'une inflexible rigueur, emprunte çà et là à ses adversaires leur arme préférée, l'étincelante, et froide ironie, qu'il manie avec une incomparable maîtrise...

« Ce beau et excellent livre, qu'on ne saurait trop recommander et répandre, fera le plus grand bien, j'en suis
assuré, et ramènera bien des âmes au christianisme... »

Introduction scientifique à la Foi chrétienne, par
Pierre COURBET. *Nouvelle édition revue et considérablement
augmentée.* 1 beau volume in-8. Prix **4 fr.**; *franco* **4 50**

La génération actuelle est nourrie et imbue de science.
C'est pourquoi les démonstrations théologiques ne la touchent que par leur conformité avec cette dernière. Aussi
les modernes défenseurs de la foi s'efforcent-ils d'établir la
non-contradiction des dogmes religieux et des vérités
scientifiques. Tel est aussi, d'une manière générale, le but
que s'est proposé l'auteur du présent ouvrage. Mais, à
l'inverse des apologistes de profession, son point de départ
est la science, et la foi est son point d'arrivée. L'originalité
de cette démarche fait toute celle du livre. Une culture
spéciale la rendait possible à l'auteur, alors qu'elle est
difficilement réalisable pour le théologien. Aussi est-ce
avec l'espoir de rendre quelques services à ce dernier,
non point certes par une supériorité dogmatique, mais
par un tour personnel et si l'on ose dire une « mentalité »
typique que M. COURBET, savant polytechnicien, a entrepris
ce travail avec la certitude en tout cas d'être utile aux
gens du monde dont la formation est proprement scientifique, et pour qui cette formation même est une cause
d'hésitation et de doute.

Opposition de la fausse science avec la vérité religieuse,
harmonie parfaite de cette dernière avec la science certaine, c'est tout le livre du savant auteur.

ARCELIN (A.). — **La dissociation psychologique.**
Étude sur les phénomènes inconscients dans les états normaux et pathologiques. — 1 vol in-8. Prix : **2 fr. 50**;
franco. . . . .   **3 fr.**

Le Merveilleux divin et le Merveilleux démoniaque, par le R. P. D. Bernard-Marie MARÉCHAUX, bénédictin de la Congrégation Olivétaine, 1 beau vol. in-8°. Prix : 5 fr.; *franco*. 5 50

Ouvrage approuvé par sa Grandeur Mgr DE PÉLACOT, *évêque de Troyes.*

Nous ne saurions mieux relever l'importance du livre de D. Bernard Maréchaux que par l'extrait suivant de la lettre approbative de S. G. Mgr de PÉLACOT, évêque de Troyes.

« Appuyé sur la vraie notion de l'homme, telle que l'explique admirablement saint Thomas, vous avez su reconnaître, dans les phénomènes extraordinaires qui sollicitent de nos jours l'attention publique, ce qui n'excède pas les forces naturelles de l'âme, et ce qui doit être attribué sans contestation possible, à l'action de puissances supérieures, bonnes ou mauvaises.

« Vous avez ensuite exposé, avec toute la netteté désirable, les signes caractéristiques au moyen desquels l'œuvre de Dieu et des bons anges se distingue de l'œuvre des démons.

« Enfin, pénétrant plus avant dans la mystique proprement dite, vous avez étudié les merveilles de tout genre que Dieu opère, quand il lui plaît, dans l'âme et même dans le corps des saints.

« Toutes ces notions trop souvent méconnues, ont été si parfaitement élucidées par vous, que vos travaux, je n'en doute pas, feront désormais autorité dans la matière.

La Pacification intellectuelle par la liberté, par M. l'abbé G. CANET, chanoine titulaire de la cathédrale d'Autun, docteur en philosophie et ès lettres de l'Université de Louvain, ancien professeur de théologie dogmatique au Grand Séminaire de Lyon. — 1 beau et fort volume in-8°. — Prix : 6 fr.; *franco*. . . . 6 fr. 50

Les Missions anglicanes, par le R. P. RAGEY, mariste. Ouvrage précédé d'une lettre-préface de Mgr LE ROY, évêque titulaire d'Alinda, et honoré d'une lettre de Son Em. le cardinal COULLIÉ. — 1 vol. in-18 jésus. — Prix : 2 fr. 50; *franco* . . . . 2 fr. 75

Imp. Joseph Téqui, 92, av. du Maine, Paris.

BLOUD & Cie, Éditeurs, rue Madame, 4, Paris (VIe)

Nouvelle Collection

ÉTUDES DE PHILOSOPHIE
ET DE CRITIQUE RELIGIEUSE

SÉRIE IN-16

Broglie (abbé de). — **Les Fondements intellectuels de la foi chrétienne.** Leçons faites à l'Institut catholique de Paris avec préface et notes par A. Largent, chanoine honoraire de Paris. *2ᵉ édition*. Prix : 2 fr. 50 ; franco . . . . 2 fr. 75

Même auteur. — **Preuves psychologiques de l'Existence de Dieu**, Leçons faites à l'Institut catholique de Paris, Notes par A. Largent, chanoine honoraire de Paris. Prix : 3 fr. franco . . . . . 3 fr. 50

Gayraud (abbé), député du Finistère. — **La crise de la foi**, *ses causes et ses remèdes. 3ᵉ édition.* Prix : 2 fr.; franco . . . . 2 fr. 25

Godard (André). — **La Vérité religieuse.** *3ᵉ édition.* Prix . . 3 fr. 50

Guibert (J.), prêtre de Saint-Sulpice, supérieur du séminaire de l'Institut catholique de Paris. — **Le mouvement chrétien**, *dans l'âme humaine, devant l'incrédulité, devant la science, devant la critique, devant les exigences sociales. 3ᵉ édition.* Prix : 3 fr.; franco . 3 fr. 50

Lapparent (A. de), de l'Académie des Sciences. — **Science et Apologétique**, Conférences faites à l'Institut catholique de Paris (mai-juin 1905). Prix : 3 fr.; franco . . . . 3 fr. 50

Maumus (Vincent). — **La préparation à la foi.** Prix : 3 fr.; franco 3 fr. 50

Pacheu (Jules). — **Du positivisme au mysticisme.** *Étude sur l'inquiétude religieuse contemporaine* 3 fr. 50 franco . . . . 4 fr.

SÉRIE IN-8

Arcelin (Adrien). — **La Dissociation psychologique.** *Étude sur les phénomènes inconscients dans les états normaux et pathologiques.* Un volume. Prix : 2 fr. 50, franco . . . . 3 fr.

Bernies (V. L.), docteur agrégé de philosophie, docteur en théologie. — **Spiritualité et Immortalité de l'âme humaine.** Prix : 5 fr.; franco . . . . 5 fr. 50

Canet (abbé G.), docteur en philosophie et ès lettres de l'Université de Louvain, ancien professeur de théologie dogmatique au grand séminaire de Lyon. — **La Pacification intellectuelle par la liberté.** Un volume. Prix : 6 fr.; franco . . . . 6 fr. 50

Courbet (Pierre). — **Introduction scientifique à la foi chrétienne.** *Nouvelle édition, revue et considérablement augmentée.* Un volume. Prix : 4 fr.; franco . . . . 4 fr. 50

Godard (André). — **Le Positivisme chrétien.** *4ᵉ édition.* Un volume. Prix : 5 fr.; franco . . . . 5 fr. 50

Maréchaux (R. P. D. Bernard-Marie), bénédictin de la Congrégation Olivétaine. — **Le Merveilleux divin et le Merveilleux démoniaque.** *2ᵉ édition.* Un volume. Prix : 5 fr.; franco . . . 5 fr. 50

N.-B. — *Cette collection paraît en deux séries à prix variés : une série grand in-16 et une série in-8.*

www.ingramcontent.com/pod-product-compliance
Lightning Source LLC
Chambersburg PA
CBHW050653170426
43200CB00008B/1268